개, 멈출 수 없는 그 지독한 열병

끼, 멈출 수 없는 그 지독한 열병

J u n g   S u n g - h e e

정 성 희 · 글, 사진

북랜드

작가의 말

내 인생은 모름지기 일탈로 점철되어 왔다. 문학이 그러하고 예술이 그러하다. 삶 또한 예외가 아니다. 바람인 듯 구름인 듯한 일탈, 그것이 내 문학의, 내 예술의, 내 삶의 바탕이다.

나는 밋밋한 생활 속에 줄곧 파격의 미를 추구해 왔다. 춤을 출 때도 그러했고 글을 쓸 때도 그러했다. 남들은 선생의 춤동작을 따라하지만, 나는 거울 앞에서서 새로운 안무를 창작하여 파격의 미를 더했다. 동작들이 신선하고 젊음이 넘친다. 팔의 뻗침과 손의 놀림이 고혹적이다. 유연한 골반의 움직임과 뭔가 도전적이면서 유혹적인 눈빛은 관능미를 더한다. 선생은 '바람 풍' 하라 가르치지만, 나는 비켜서서 '바담 풍' 이라 외친다. 씨앗이 터지듯 규격 속의 파격이야말로 내 삶을 늙지 않는 젊음으로 이끌어가는 원동력이 되어준다. 바담 풍, 그 파격의 삶이 나는 좋다.

일탈을 꿈꾸는 삶속에서 몇몇 좋은 인연을 만날 수 있었다. 그것은 내 각설이 같은 인생에서 크나큰 수확이 아닐 수 없다. 내 문학의 주춧돌이 된 곽흥렬 지도 선생님이 그러하다. 선생님 아래서 수필을 배워가는 도중에 크고 작은 문학상을 여러 차례 수상하는 영광을 안았다. 그러한 허울에도 불구하고, 여태껏 수필집 한 권 내지 못하고 내도록 변죽만 치는 내 일탈을 스승님께서는 그동안 말없이 지켜보아 오셨다. 이제 드디어 스승님 앞에 수필집 한 권을 내어 놓을 수 있게 되어 어린아이마냥 기쁘고 설렌다.

초등학생 시절 〈노인과 바다〉라는 영화를 본 기억이 떠오른다. 너무 어렸던 나이였음에도, 바다와 싸우는 노인이 안쓰러워 울음을 삼켰었다. 오십 중반의 중년 고개에서, 나는 그 작품을 또다시 탐독한다. 먼 훗날 나도 헤밍웨이처럼 좋은 작가가 되고 싶다는 어쭙잖은 꿈마저 꾸게 된다. 〈노인과 바다〉에서 산티아고 노인이 그랬듯이 말이다. 터무니없는 꿈일지라도 산티아고 노인처럼 멈추지 않을 것이다.

포획한 고기를 상어 떼에게 빼앗겨 앙상한 뼈만 남고 고향으로 돌아온 노인, 산티아고, 그는 인생의 패배자가 아니었다. 나는 그런 산티아고 노인이 되기를, 그런 문학인이 되기를, 그런 예술인이 되기를 꿈꾼다.

2019년 황금돼지해에

정성희

차례

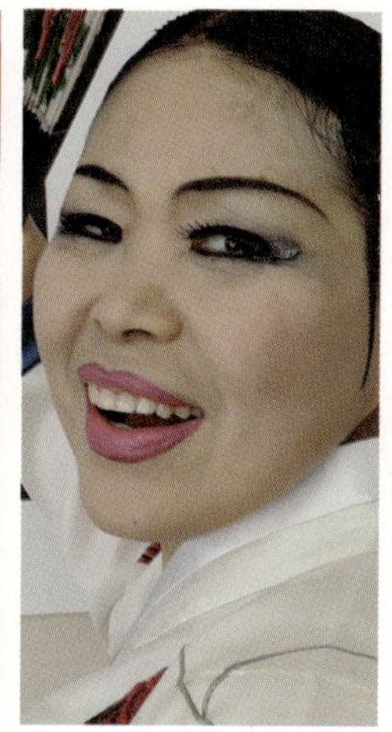

3 어화 둥둥 내 사랑

축가

인생이 내게 묻는다

작사 · 작곡 인동남

비바람 탓하지 마라
스쳐가는 바람인 것을
지는 꽃 아쉬워 마라
새로운 시작이란다
달려가는 자 부러워 마라
새벽길을 먼저 갈 뿐이다
인생길 묻지를 마라
인생이 내게 묻는다

뜬구름 잡지를 마라
한순간의 바람인 것을
지는 해 서러워 마라
내일도 해가 뜬단다
앞서가는 자 시샘을 마라
꿈같은 인생이란다
인생길 묻지를 마라
인생이 내게 묻는다

음대 출신, 성악 전공, 대한민국 명품 트로트 가수 인동남

첫 번째
이야기

끼, 멈출 수 없는 그 지독한 열병

Jung Sung-hee story

뿌리

어절씨구

화창한 봄날이다
한 무리의 사물놀이패가
소고와 장고를 두드리며
겨우내 잠든 대지를 깨우면서
봄의 정취를 재촉한다
여기저기서 꽃불이 터지자
봄물에 나들이 나온 구경꾼들이
주변으로 모여든다
둥둥둥 북이 울리자
꽹과리를 치며 흥에 취한 상쇠는
덩실덩실 어깨춤을 추며
온몸으로 신명을 몰아온다
바람의 장단에 몸을 떠는
대나무마냥 주춤거리던
늙수그레한 노인네들의 소맷자락도
들썩이기 시작한다

작대기 장단에 영춘가를 부르며
흠뻑 흥에 취한 나이 든 춤꾼들은
땟국에 전 그들의 인생만큼이나
후줄근하고 걸걸한 춤으로
무아지경에 이른다
엎드려 숨죽이고 있던 내 본능도
겨울 문풍지처럼 들썩대며 몸을 보챈다
그 칭얼대는 소리에 귀 기울이며
몸이 시키는 대로
노장들의 원시적인 춤동작을 따라간다
살아있음이 고스란히 전해져 오는
환희의 춤 자락이 절로 솟구친다.

舞

화창한 봄날이다. 한 무리의 사물놀이패들이 소고와 장고를 두드리며 겨우내 잠든 대지를 깨우면서 봄의 정취를 재촉한다. 여기저기서 꽃불이 터지자, 봄물에 나들이 나온 구경꾼들이 주변으로 모여든다.

둥둥둥 북이 울리자, 꽹과리를 치며 흥에 취한 상쇠는 덩실덩실 어깨춤을 추며 온몸으로 신명을 몰아온다. 바람의 장단에 몸을 떠는 대나무마냥 주춤거리던 늙수그레한 노인네들의 소맷자락도 들썩이기 시작한다. 작대기 장단에 영춘가를 부르며 흠뻑 흥에 취한 나이 든 춤꾼들은 뗏국에 전 그들의 인생만큼이나 후줄근하고 걸걸한 춤으로 무아지경에 이른다.

엎드려 숨죽이고 있던 내 본능도 겨울 문풍지처럼 들썩대며 몸을 보챈다. 그 칭얼대는 소리에 귀 기울이며 몸이 시키는 대로 노장들의 원시적인 춤동작을 따라간다. 살아있음이 고스란히 전해져 오는 환희의 춤 자락이 절로 솟구친다. 몸에선 이내 흥건히 땀이 고이고, 정신은 더할 나위 없이 맑아진다.

학창 시절에도 나는 춤을 좋아했다. 춤을 추고 있으면 찌그러진 청춘이 현란한 빛깔로 되살아나 온 세상을 다 거머쥘 수 있을 만큼 자신만만해졌다. 숨기고 싶은 비밀도 허다했고 내세우고 싶은 욕망도 많았기에, 허풍에 뜬 춤으로 현실을 포장하며 내면의 허술함을 애써 감추었다. 닿지 못할 것에 대한, 가질 수 없는 것에 대한 갈망은 마음자리를 한층 산란하게 만들었다. 그럴 때면, 잔뜩 힘이 들어간 내면은 어지럽게 요동치는 여울물이 되어 시끄러운 소리를 내며 마구 몸을 흔들어 댔다. 채울 수 없는 배고픔으로 너덜해진 현실을 성난 투우처럼 몸으로나마 떨쳐내려는 안간힘이었으리라. 그렇게 해서 나는 신체를 매개로 잠재된 주홍빛 인생을 꿈꾸는 연극 같은 춤에 시나브로 젖어가고 있었다.

젖무덤이 봉긋해지고 아랫도리에도 물이 오르자, 춤의 관능이 슬며시 다가와 감각의 비늘을 부추겼다. 출렁대는 젊은 육체는 솟구치는 욕망의 허기를 선정적이고 뇌쇄적인 몸짓으로 달랬다. 어깨에서 팔목, 손끝으로 이어지는 체선의 꿈틀거림은 묘한 뉘앙스를 풍기며 도발적인 애욕의 풍광을 연출해낸다. 욕정에 굶주린 춤의 여신은 바다 속 화려한 산호처럼 아름답게 치장하여 교태로운 춤사위로 물고기를 낚는다.

안김과 떨어짐이 엇갈린 소연극의 막이 내리자, 인생의 허무함이 밀려오면서 주변의 모든 것들이 허망하게 느껴졌다. 춤을 통해 몸의 언어를 다룰 수 있게 되었지만, 그게 다가 아니었다. 춤은 내 아닌 타인의 삶이었고, 진실이 아닌 나를 감춘 껍데기에 불과했다. 옷가지와 몸매무시를 단정히 하고는 춤을 떠났다.

온몸에 대못을 꽂으며 고행의 길을 걷는 수도승마냥, 춤 속에 가려졌던 참나를 찾으러 밤낮을 잊고 세상을 쫓아다녔다. 십 리밖에 가지 못할 현실을 두고 백 리를 가자고 몸을 다그쳤다. 점점 황폐해진 육신은 불만으로 가득 찬 불룩한 아랫배와 언제나 화난 듯한 표정으로 털털대며 쉰 소리를 냈다.

그제서야 앞서 간 많은 선각자들이 육체와 영혼의 조화를 이루려고 얼마나 철저하게 자신을 다스려 왔는지를 되돌아보게 되었다. 자로 잰 듯 규칙적이었던 생활로 유명한 칸트며 하루의 변으로 건강을 살폈다고 하는 간디를 통해 함부로 몸을 다루거나 지나치게 탐닉해서도 아니 됨을 어렴풋이 깨달았다.

몸의 소리에 귀 기울일 즈음, 나는 다시 춤을 추었다. 껍질을 깨고 탄생하는 새처럼 춤의 영혼이 오랫동안의 침묵을 접고 제 존재를 알려왔다. 이전과는 다른 춤이었다. 화를 삭이고 갈망도 가라앉히니 춤추는 자세도 새로워졌다. 마른 풀내음 같은 은은한 춤의 향기가 심연으로부터 조금씩 전해져 오면서, 내 몸은

무욕으로 점차 가벼워졌다.

옛말에 '응마주색난석鷹馬酒色蘭石' 이란 금언이 있다. 청년기에는 매사냥과 말 타기를 즐기고, 중년기에는 여자와 술을 가까이 하다가, 장년기가 넘어서면 자연을 곁에 두고 지켜보면서 천지의 고요함을 깨닫게 된다는 뜻이다.

책가방을 들고 다니던 시절, 나는 코브라처럼 고개를 치켜들고 시끄럽게 춤을 췄다. 몸과 마음에 힘이 잔뜩 들어간 채로, 세상을 향해 굽히려 하지 않았다. 경쾌한 스타카토에 맞춘 어린 춤꾼의 날렵한 몸놀림새는 미끄러지듯 솟구치는 대왕뱀만큼이나 신출귀몰해서 세상을 감쪽같이 속일 수 있었다.

상큼한 미소가 앙증맞던 젊은 초여름 밤엔 불빛을 쫓는 나방이 되어 매끈하게 춤을 추며 화려한 색상을 띤 날갯짓으로 분진을 마구 쏟아냈다. 겉치레가 야단스러울수록 춤은 천박하기만 했다. 그것이 허망한 찰나요 부질없는 가식이었음을 그때는 인정하려 들지 않았다.

가을이 무르익어서야 내 본연의 모습으로 돌아올 수 있었다. 더 이상 주위를 의식할 필요도 없어지니, 소박하고 단순한 움직임이 좋아졌다. 화려함을 걷어낸 단아한 몸짓에서 세상을 있는 그대로 받아들이는 넓은 품새를 담아낼 수 있게 되었다. 무舞는 무無이어야 춤의 진정한 자유를 맛보며 자연인으로서의 참나를 발견할 수 있다는 옛 춤꾼들의 몸 언어에 비로소 눈뜨게 되었다.

가식의 춤을 벗어던지고 상쾌한 바람을 들이마시며 양팔을 위로 쭉 뻗고 고개를 뒤로 젖혀 자연의 흐름을 바싹 따라간다. 모를 심는 농부들의 팔놀림이나 길 위를 걷는 사람들의 발놀림과 같은, 주변에서 흔히 일어날 수 있는 모든 일상적인 동작이 춤의 언어가 될 수 있음을 알게 되었다. 춤은 곧 자연이고 자연은 거짓 없는 본성이며, 그 본성대로 사는 것이 가장 자유로운 삶이라는 것도 덤으로 깨우치게 되었다.

대구(교) 정성회 교위 천강문학상 수필부문 대상

경남 의령군이 천강 곽재우 홍의장군의 충의정신 함양 및 문학의 저변확대를 위해 제정한 제2회 천강문학상 수상자가 2010. 8. 31.(화) 확정 발표되었다.

이날 수상자 중에는 대구교도소 정성회 교위가 춤을 통한 인생의 고찰이라는 내용으로 "무(舞)"라는 제목의 수필을 응모하여 천강문학상운영위원회로부터 수필부문 영예의 대상(大賞)에 선정되었으며, 시상식은 오는 10. 5.(화), 곽재우 장군과 무명 의병들의 위패를 모시고 있는 경남 의령군에 소재하고 있는 충익사에서 열린다.

정성회 교위는 이번 수상이외 2008년 제8회 평사리토지문학 수필부문 대상 수상, 2009년 제12회 공무원문예대전 수필부문 최우수상을 수상한 경력이 있음에도 이번 수상에 대하여 "수필에 대한 깊은 안목을 심어준 곽흥렬 지도선생님과 부족한 글을 선정해준 심사위원님께 진심으로 감사드린다."며 말하고 "재주가 모자라는 대신 성실로써 열심히 그 자리를 메울 것이다." 라는 말로 겸손하게 수상소감을 밝혔다.

일본의 전위무용가 카와무라 나미코가 생각난다. 일흔을

넘긴 나이에도 그는 딱딱한 시멘트 공간의 인공적인 조명을 벗어나 산이나 들위를 걷는 행위로써 자신의 춤 세계를 보여준다고 한다. 거기에는 그 어떤 인위적인 안무도, 요란한 의상도, 분장도 없다. 그저 자연과 하나 되어 거니는 게 전부이다. 이런 단순한 움직임에도 그를 지켜보는 사람들은 그의 몸이 마치 영령이 깃든 신목처럼 경건하게 느껴진다고 한다. 아마도 육신과 영혼의 균형을 이룬 삶의 진실성이 춤 속에 스며들어 관객들을 이토록 흔들어 놓지 않았나 싶다.

요즘은 춤의 홍수라 해도 과언이 아니다. 주변을 둘러보면 온통 춤판이다. 인터넷 동영상 게시판에도 클럽 마니아의 춤이 난무한다. 꽃은 그릴 수 있으되 향기는 담을 수 없듯이, 이러한 춤에는 자연을 닮은 고요한 무념의 여백이 느껴지지 않는다.

진정한 춤은 영혼이 깃든 가슴으로 추어야 그 깊이를 더해 가거늘, 반들반들하게 기계로 뽑아낸 것 같은 기교에 넘친 춤은 겉만 번듯한 볼거리에 불과하다.

펄펄 끓는 뜨거운 물로는 차 맛을 제대로 우려내지 못하듯, 춤이 향기롭게 익는 데도 세월에 어느 정도 삭혀져야 하리라. 이로 보아 현란한 빛깔로 출렁대는 춤만이 아름다운 모습은 아닐 성싶다. 화려한 장식이나 군더더기를 걷어낸, 아무 맛도 없는, 그저 그런 덤덤한 춤에서 외려 삶의 향내가 물씬 풍겨 나온다.

어느새 춤판이 무르익어, 꽹과리 소리가 사방으로 부서지고 있다. 그 위에 춤을 추는 듯 아니 추는 듯, 움직이는 듯 움직이지 않는 듯 기교도 없고 격정도 없는 늙은 춤꾼들의 춤사위가 쉼 없이 이어진다. 다듬어지지 않아 투박하고 촌스럽기는 하지만, 가식이 없어 더 정감이 배어난다. 사뿐히 들어 올린 소맷자락으로 고요의 멋이 엿보인다. 삶의 무게가 더해질수록 춤은 저리도 깊어지는가 보다. 오래 묵은 농주처럼 결이 삭은 뒤에 우러난 인생의 씁쓸한 맛이 춤을 저토록 깊고 오묘하게 만드는가 보다.

뒷줄에서 구경하고 있던 아낙네들도 주위를 의식하지 않고 엉덩이를 실룩대며 덩실거리고 있다. 나도 덩달아 히죽대며 춤마당으로 들어가 그들과 합세한다. 얼씨구절씨구 생짜로 뱉어내는 춤꾼들의 추임새는, 육肉과 혼魂을 한데로 묶어 서로간의 어색한 관계를 누그러뜨리고 마음의 물길을 열어, 얽히고 뒤틀린 심신의 매듭을 풀어준다. 또한 그것은 자신을 비워내어 작아짐으로 해서 즉흥적인 독무獨舞가 아닌 전체로서의 나를 마주 보게 한다.

춘삼월 파릇한 봄 햇살 위에 깊고 구수한 할미꽃 춤이 내 마음에도 살포시 피어난다.

목에 걸렸던 회한

나는
아버지에게 막걸리 한 잔 가득 부어 건넨다.
망나니 막내딸의 푸념에 애간장이 탔는지
금세 잔을 비우고는 내게도 한 잔 따라 주신다.
순간
끄억끄억 목에 걸린 회한이 제상 앞에 뚝 떨어진다.
나도
목이 메어 단숨에 들이켜고는
상을 물리려니 죄스러움이 물결일 듯 밀려든다.
문득
아버지가 사무치게 그리워진다.
이승에서 못다 한 효를 저승에서라도
인연이 되어 다하리라고 입술에 힘을 준다.
아버지의 무덤이 내 등 뒤에서 점점 멀어질 즈음,
나는 그의 곰살가운 여식아이가 되어 있었다.
이제
마음은 팔랑 나비가 되어 한결 가뿐해졌다.

해원解寃

외로움도 지나치면 사람을 실성케 하는가.

예나 지금이나 나는 세상을 맨 정신으로 살아갈 수 없는 숙명에 처한 외톨이가 되어 겉돌았다. 그것은 마치 영원히 벗어던질 수 없는 운명의 멍에 같은 것이었다. 더듬이가 끊어진 여치처럼 삶은 방향을 잃었고, 구멍 난 인생 사이로 세찬 바람이 불 때마다 휘청거렸다. 어디를 가든 위치를 알려주는 이정표는 길목마다 있지만, 내가 가야 할 방향을 일러주는 화살표는 아무 데도 없었다. 정해진 표지판 없이 엇길로 가다 보니 갈라진 길이 무수했다.

인연이라는 것은 우연을 가장한 불가사의한 필연의 끈이던가. 오래 전부터 나는 추수 끝난 황량한 벌판을 지키는 허수아비의 슬픔과 외로움을 닮은 무당의 팔자를 타고나지는 않았을까 하는 의구심이 생겼다. 창공의 태양은 무수한 별들보다도 더 밝게 세상을 비추지만, 내 삶은 사그라져 가는 희미한 잿불마냥 그저 막막하기만 했다.

울컥 서러움이 밀려와 발길 가는 대로 걸었다. 그러다가 버드나무 가지 위에 오색 헝겊이 늘어져 있는, 하늘이 텅 빈 허름한 무당집 앞에서 걸음발이 멎었다.

"얼굴이 보살형이야."

늙은 무당이 나를 보자마자 대뜸 건넨 말이다. 흐트러짐 없는 그의 눈빛은 다소 고집스러워 보였으나 얼굴은 온화한 약사여래상을 닮았다. 그 속을 자세히 들여다보니 갖가지의 고난과 슬픔들, 그리고 외로움이 뒤엉켜져 내 젊은 시절을 울먹이게 했다.

어릴 적 나는 아버지의 가난한 사랑이 남긴 그림자를 밟으면서 자랐다. 떠오르는 것은 당신의 화난 얼굴과 매질뿐이었다. 세월을 머금은 흰서리가 내리던 그때의 아버지 나이가 되어서야 당신의 묘소를 찾아갔다. 거북등같이 파여진 땅의 굴곡들과 말라비틀어진 이름 모를 풀들, 삐죽삐죽 자라나온 잔디들은 용

틀임을 하며 이리저리 비틀은 듯한 당신의 뒤틀린 삶을 보여주었다. 살아생전에 어머니는 "내가 죽으면 절대로 네 아버지 옆에 묻지 말라."라고 당부하셨다. 그러나 그 바람은 그저 지나가는 바람이 되어 쓸려갔다.

햇볕이 잘 드는 언덕배기 쌍무덤 안에는 부모님이 나란히 누워 계신다. 어머니 바로 옆에 자리한 아버지에게 평소 즐기시던 막걸리 몇 잔을 부어 권한다. 거나하게 취한 아버지와 나는 세월에 실린 한의 뚜껑을 열면서 말없이 눈물을 떨구며 서로 할 말을 잃는다.

서사무가 '바리공주 이야기'가 생각난다. 바리공주는 일곱 번째 딸로 태어나자마자 부모로부터 버림을 받았다. 그의 아버지가 죽을병에 걸리자 길러준 공은 없으나 낳아준 은혜를 생각하여 저승에 가서 약물을 길어와 살려냈다. 비록 부모로부터, 사회로부터 버림받고 소외당했지만, 자신을 멸시한 그 공동체를 위해 의례를 베풀면서 봉사하고 희생하는 끝없는 인욕을 보여주었다.

불혹을 실은 돛단배를 타고 투정부리던 푸른 객기를 어르고 달래어 인생의 중턱에 올라서서 아래를 내려다본다. 삶의 여정에서 온갖 구불구불한 옆길을 에둘러 헤매면서 세월은 흐르는 것이 아니라 쌓이는 것임을 알게 되었다. 옹이처럼 박힌 해묵은 상처를 버리고 푼푼하게 비워진 마음으로 바리공주의 이타를 향한 베풂을 무언으로 깨우쳐 준 아버지의 말없음도 읽혀진다. 슬픔을 통해 눈물의 의미를, 외로움을 통해 사람의 귀함을, 절망을 통해 소생의 불빛을, 어려움을 통해 인내와 성실의 가치를 알게 해 주었다. 또한 지독한 고독을 통해 자신의 영혼 깊은 곳까지 가 닿게 하고, 소외를 통해 자신을 안으로부터 끌어내어 세상과의 조화를 이룰 수 있는 법도 가르쳐주었다.

나는 아버지에게 막걸리 한 잔 가득 부어 건넨다. 망나니 막내딸의 푸념에 애간장이 탔는지 금세 잔을 비우고는 내게도 한 잔 따라 주신다. 순간 끄억끄억 목에 걸린 회한이 제상 앞에 뚝 떨어진다. 나도 목이 메어 단숨에 들이켜고는 상을 물리려니 죄스러움이 물결일 듯 밀려든다. 문득 아버지가 사무치게 그리워진다. 이승에서 못다 한 효를 저승에서라도 인연이 되어 다하리라고 입술에 힘을 준다. 아버지의 무덤이 내 등 뒤에서 점점 멀어질 즈음, 나는 당신의 곰살가운 여식아이가 되어 있었다. 이제 마음은 팔랑 나비가 되어 한결 가뿐해졌다.

이렇게 해서 아버지와의 해원 의식을 치르고 나니, 오월도 다 저물어가고 있다. 내년에도 기억될 나만의 '아버지날'이 하마 기다려진다.

등신불

아버지 발바닥에서는
언제나 짠내가 났다
짠맛에는 신비가 있다던가
소금물이 그렇고
양수가 그렇고
발에 배인 땀이 그러하다
바닷물은 썩지 않으려고 소금을 만들고
양수는 태아가 자라도록 소금을 만들고
아버지 발바닥은 당신 육신을 태운
소금으로 밥을 만드셨다
한 줌의 따사로운 햇살도
한 무리의 싱그러운 바람도 외면한
음습하고 좁다란 공간에서
발바닥은 벌판이 되어
그 안에서 이삭이 나고
곡식도 여물어 밥이 지어졌다

자신의 몸뚱이를 제물로 바쳐
누에 실 게워내듯
아낌없이 소신공양하는
발바닥의 숭고한 희생으로
나는 아버지 밥을 먹을 수 있었다
고운 꽃들을 피우기 위해
컴컴한 흙 속에 갇힌
뿌리의 존재를 모르듯
거칠고 위험한 곳도 마다않고
밥을 탁발해 온 등신불의 거룩한 십자가를
하마터면 잊을 뻔하지 않았던가.

발바닥

어찌 저리도 못생겼을까. 작다 못해 땅에 붙은 난쟁이 모습이다. 만물을 창조하신 신조차 고개를 가로젓는다. 신은 그에게 남몰래 어두운 곳에서 소금으로 절여진 밥을 평생토록 빚어내게 명하시며 무기징역이라는 천형을 선고하셨다.

창세기 몇째 날, 창공을 비상하는 새들에게는 씨 뿌리고 곡식을 거두는 수고를 하지 않아도 하늘에 계신 아버지께서 그들을 먹이신다고 말씀하셨다. 식물들에게는 이파리에 엽록소를 심어주어 햇빛과 물만으로도 굶지 않게 만드셨다. 심지어 하느님이 등 돌린 뱀조차 어쩌면 그보다 나을지 모른다는 생각이 든다. 뱀은 신진대사가 느려 일 년에 단 한 번의 먹이로도 생명을 부지할 수 있으니 말이다. 한 끼의 양식도 거를 수가 없는 우리 인간은, 아직도 원죄에서 사면받지 못해서인지 평생토록 땀 흘리며 밥을 벌어야 한다. 이로 보아, 아담과 하와를 꼬드긴 뱀보다 더 큰 죄를 지었음에 틀림없겠다.

살아 있는 모든 유기체는 누구나 다 밥을 먹는다. 먹는 것에 대한 욕구가 가장 우선되는 본능이다. 그러다 보니 밥 한 톨에 사람의 인격이 비굴해질 수 있다.

생애 전반에 걸쳐 밥만큼 비참하게 내 존재를 지배했던 것은 일찍이 없었다. 밥이란 쌀을 익힌 단순한 먹을거리에 불과하지만, 그 의미는 대선사들의 오도송보다 더 절박하다. 사흘 굶어 도둑질하지 않을 장사 없다는 속담에서 알 수 있듯이, 아무리 결기가 대쪽 같은 선비라도 별 얼고 돌 우는 추위와 뼛속까지 고파 오는 허기에는 당해낼 재간이 없을 게다. 육체는 지성적이기보다는 본능에 더 정직하기 때문이다. 원형에 충실한 삶일수록 생존의지가 강하다는 것을, 밥을 벌어 본 사람은 경험했으리라.

한평생 그놈의 올무에 갇혀 노동을 해 오신 아버지를 떠올린다. 골골이 접힌 주름진 세월을 사다리 타고 더듬어 본다. 삼베처럼 거칠고 까칠하다. 얕은 눈어림으로는 선불리 말할 수 없는 무구한 깊이가 짚어진다. 가장이라는 등짐을 지고 세상 속에서 넘어지지 않으려고 용을 쓴 흔적들이 아버지 발바닥에 그대로 묻어있다. 본래 있던 문양은 닳아 해어지고 노동의 때가 낀 선들이 그 자리를 메웠다. 가족이라는 바닥짐을 짊어지며 무소의 뿔처럼 혼자서 가야만 하는, 보통을 초월한 외돌톨이의 고독이 그 안에 녹아서 소금덩이로 얼비친다.

발바닥 위로 세상바람이 얹히자, 상처 난 인생이 뒤꿈치에 달라붙어 너덜거린다. 그 위에, 식구들의 양식을 벌기 위해 일을 해야 했던 까칠한 시간들이 마른버짐처럼 하얗게 새겨져 있다. 얼마나 많은 아픔과 고난을 겪었기에 노동의 붓질로 저리도 모질게 소금 꽃을 피워낼 수 있었을까. 계절은 나무에 형형색색의 꽃을 품지만, 세월은 발바닥에다 흰 소금 꽃을 담았다. 거기에는 시절에 밀려 멈춰버린 아버지의 소망도 함께 버무려져 있다. 발바닥에서 피는 꽃이라 화려하진 않아도 눈과 마음을 더 길게 잡는다. 빼어나게 아름다워야만 꽃이던가. 평생을 바친 인고의 세월이 피워낸 흰 꽃의 숭고함을, 한 철에 피었다 지는 뭇꽃들의 가벼운 향기에 어찌 비길 수 있겠는가.

그러한 아버지 발바닥에서는 언제나 짠내가 났다. 짠맛에는 신비가 있다던가. 소금물이 그렇고 양수가 그렇고 발에 배인 땀이 그러하다. 바닷물은 썩지 않으려고 소금을 만들고, 양수는 태아가 자라도록 소금을 만들고, 아버지 발바닥은 당신 육신을 태운 소금으로 밥을 만드셨다. 한 줌의 따사로운 햇살도, 한 무리의 싱그러운 바람도 외면한, 음습하고 좁다란 공간에서 발바닥은 벌판이 되어 그 안에서 이삭이 나고 곡식도 여물어 밥이 지어졌다. 자신의 몸뚱이를 제물로 바쳐 누에 실 게워내듯 아낌없이 소신공양하는 발바닥의 숭고한 희생으로 나는 아버지 밥을 먹을 수 있었다. 고운 꽃들을 피우기 위해 컴컴한 흙 속에 갇힌 뿌리의 존재를 모르듯, 거칠고 위험한 곳도 마다않고 밥을 탁발해 온 등신불의 거룩한 십자가를 하마터면 잊을 뻔하지 않았던가.

내 아버지가 그러했듯이 나도 하루 종일 낮도깨비마냥 밥을 구하러 길거리를 배회하다 가난의 냄새 따라 움막 같은 집으로 돌아오곤 한다. 삿대질해 대는 하루를 달래다 고개 한 번 들지 못한 발바닥을 어루만지며 기지개를 켜준다. 세한지에 물감이 번지듯, 노곤함이 젖어든다. 망각의 강물에 두 발을 담가 열 발

가락 사이 아리고 쓰린 삶의 가락을 씻어 내린다. 막막한 현실에 군데군데 긁히고 흠집 난 하루를 한 그릇의 밥으로 벗겨내고, 덜 여문 마음자락도 훑어낸다. 나른하게 데워지는 발바닥 위로 밤의 안락함이 얹히자 태초의 에덴동산으로 돌아가 잠이 든다.

창 너머 푸르스름한 이내가 발바닥을 간질이며 발등 위에 앉는다. 어둠을 탁탁 털어낸 세상이 하나 둘 제 모습을 드러내면서 사물들도 소리 없이 되살아난다. 태양의 신 헬리오스가 부릅뜬 눈으로 달려오기 전에 새벽의 임종을 지켜보던 발바닥은, 서둘러 신발 속에 온갖 격식과 규율을 쑤셔 넣고 하루치의 노역을 담아 타박타박 길 떠날 채비를 한다.

하루의 문을 활짝 열어젖히니 온갖 외침으로 들뜬 세상 소리가 발아래로 잽싸게 밀치고 들어온다. 간악하게 웃어대며 종종걸음 치는 세상을 놓치지 않으려고 뒤뚱거리는 내 발이, 전족한 중국여인의 쫓기는 듯 총총한 발걸음 같다. 애써 태연을 가장하지만, 창자까지 꼬이는 생채기를 보수하느라 남몰래 분주하다. 그럴 때면 일상을 냅다 가로질러 무단횡단하고 싶어진다.

밥은 쌀을 익힌 부드럽고 순한 곡식이지만, 이렇듯 횡포를 부리며 감내할 수 없을 만큼의 고뇌도 덤으로 준다. 세상을 발등 위에 이고 온몸이 으스러지는 통증을 참아내며 호미로 밭 매듯이 꼬치꼬치 하루를 캐지만, 벌어 온 밥은 늘 가난의 복판에 있다. 아무리 자맥질해도 쉽게 닿을 수 없는 밥은 영혼의 허기마저 불러일으켜 저승만치나 아득하게 느껴진다.

이 와중에 눈치 없는 창자는 연신 밥 달라고 보채대니 밥은 찬 듯 비어있고, 허전한 듯 차오르는 요괴 같다. 하늘을 우러러 빌고 땅을 어루만지며 달래도,

그저 기가 찰 노릇이다. 발등 위에 가족의 빈 목구멍을 매달아 똥물이 나오도록 힘껏 끌어당겨 보지만, 삶이란 늘 제자리일 때가 많다. 먹고사는 생존투쟁이 한 맺힌 악귀보다 더 두렵고 막막하여 밥벌이를 잘 하는 방법을 구하지만, 신의 영역인지라 쉬이 일러주지 않는다.

얻을 것이 있어야 생명이 꼬인다고, 밥을 흥정하다 사람들과 얼키설키 뒤엉켜 팽팽한 줄 당기기를 해야 할 때가 허다하다. 사람들은 더 많은 밥을 차지하려고 제 몫이 아닌 줄 알면서도 북북 우겨대며 막무가내로 고집을 피운다. 밥에는 이런 억지가 있어서인지 입 안에 넣으면 곧바로 비린내가 난다. 그러고 보면 밥은 종교를 넘어선 종교 이전의 종교이며, 인의예지의 기초다. 현실은 언제나 밥을 요구하기에, 낱장도 온전히 차지 못하는 반쪽에 불과한 지폐가 철천지원수 같다. 돈이 삶의 전부는 아니라지만, 서푼짜리 인품으로도 공자 행세할 수 있으니 그 위력은 참으로 엄청나다.

조여 매었던 신발 끈을 끄르고 켜켜이 재워둔 세상사를 옆으로 밀쳐둔다. 꽉 낀 하루에 퉁퉁 불은, 소금기 배인 발바닥에다 햇빛 낱장을 떼어 말린다. 발가락마다 틈을 비워 바람도 걸쳐두고는 두 발을 뉜다. 잠시라도 가쁜 숨을 그칠 수 있으니 해탈이 따로 없구나 싶다.

빈 동굴에 메아리가 퍼지듯, 내 몸 구석구석에서 깨우침의 소리가 울린다. 청잣빛 물이 들던 시절엔 밥 한 톨도 허투루 버리지 마라는 아버지의 간곡한 말씀이 그저 지나가는 바람 소리로 후렴 되어 들릴 뿐이었다. 육신에 해거름이 길게 내려앉을 때서야 비로소 당신의 넋두리가 살아있는 법구경이 되어 가슴으로 전해진다. 그제야 부끄럽게만 여겨졌던 아버지 발바닥이 얼마나 든든하고 안온한 둥지였는지, 세월 한 자락을 삭히고서야 큰 깨달음 한 올을 건져낸다.

눈 감고 있어도 가는 것이 세월이라 했던가. 세상의 구심점에서 밀려나 그늘 속에 묻힌 아버지에게 한풍을 견뎌낸 힘찬 용기와 기백은 간 곳이 없다. 생의

기를 다 소진해 버린 탓일까. 이 많은 먹을거리들을 지상에 차려놓고 초로의 발바닥은 물러가고 있다. 신은 생활에 갇혀있던 아버지를 불쌍히 여겨 영면이라는 이름 아래 삶의 무게를 방생해 주었다. 그리고 아버지 발바닥에게는 명예로운 졸업학위를 수여하고 그간의 공로를 만천하에 말씀으로 내리셨다. 도나캐나 다 내어주고 비워낸 관세음보살의 자비를 읽고, 그리스도의 헌신과 사랑의 무구한 깊이도 짚어주셨다.

하루살이가 밤이 무언지 모른 채 일생을 마치고 잠자리가 겨울의 눈이 무엇인지 모르고 사는 것처럼, 젊었을 땐 늙음이란 내게서 전생만큼 아득하게 보였다. 시간은 사람을 묵게 만드나 보다. 내가 가을이 되면서 비로소 힘들게 한 시대를 살아온 이 땅의 아버지들을 떠올릴 수 있게 되었다. "아버지의 눈에는 눈물이 보이지 않으나, 아버지가 마시는 술에는 눈물이 절반이다."라고 노래한 어느 시인의 시구가 내 마른 두 눈에 물너울을 지게 한다.

아버지가 그랬듯이, 나도 발바닥에 쌓인 소금으로 밥을 빚는다. 아직은 세상 위로 어설프게 들뜬 내 발바닥이 시나브로 아버지의 세월을 물들이며 훗날 당신의 빈자리를 이어갈 그림자가 될 것이다. 서편에 기운 해를 이고 자신의 삶을 여지없이 불사르는 가을 단풍처럼, 헌 세대는 가고 나의 한살이도 저물어 또 다른 삶이 대를 잇는 하얀 동그라미인생이 빈 발바닥에 그려질 테다.

오늘도 내 발바닥은 신이 선고한 종신형을 받고 흰 소금꽃을 피우며 복역 중이다.

우리 엄마

언제부터인가
어느 누구의 눈길도
닿지 않은 이끼가 애처롭게 다가왔다
손끝에 만져지는
이끼의 짙은 세월이
는개처럼 내 가슴에 내려앉은 것도
그 즈음일 게다
남을 끌어당기는
별난 미색이나 유려한 말주변도
야단스런 겉치레도 하지 않는
이끼 옆에 기웃대는 그림자가 있을 리 만무하다
사람들로부터 밀려나고 버림받은 이끼는
내게 있어 그저 구석 한 켠에 방치된
우중충한 정물일 뿐이었다
나는 그런 이끼를 더럽고 추하다고
발길질하며 긁어내기도 했었다
이끼에게선

푸른빛이 감도는 비릿한 슬픔의 냄새가 난다
이른 새벽
정화수 떠놓고 두 손 모아 비손하던
엄마의 마음 빛깔을 닮아서일까
엄마의 삶도
이끼처럼 그늘지고 눈물이 많았다
일평생 자식들의 앞날에 티를 가려내느라
늙어 쇠잔해진 우리 엄마
남에게 내세울 만한 업적이 없더라도
엄마의 일생은 값지다
누가 우리 엄마를 추하다 욕하겠는가
거칠어질수록 여물어 가는 내면에서
그윽한 향취가 빚어짐을
누가 외면한단 말인가.

이끼

어디선가 엄마 냄새가 훅 끼쳐온다. 한적한 모퉁이를 돌다가 걸음을 멈칫한다. 음지에서 거적대기 하나 없이 맨살 부비며 살아가는 한 무리의 초록 잎새에 시선이 모아진다. 척박한 땅에 납작 엎드린 이끼를 보는 순간, 가슴속에 싸한 바람이 훑고 지나간다. 그래서일까, 집에 돌아와서도 마음은 그곳 언저리를 맴돈다.

언제부터인가 어느 누구의 눈길도 닿지 않은 이끼가 애처롭게 다가왔다. 손끝에 만져지는 이끼의 질은 세월이 는개처럼 내 가슴에 내려앉은 것도 그 즈음일 게다. 남을 끌어당기는 별난 미색이나 유려한 말주변도, 야단스런 겉치레도 하지 않는 이끼 옆에 기웃대는 그림자가 있을 리 만무하다. 사람들로부터 밀려나고 버림받은 이끼는 내게 있어 그저 구석 한 켠에 방치된 우중충한 정물일 뿐이었다. 나는 그런 이끼를 더럽고 추하다고 발길질하며 긁어내기도 했었다.

나무나 바위를 뒤덮는 이끼의 꽃말이 자식을 감싸는 모성애의 의미를 지녔

음을 한참 지나서야 알게 되었다. 세상으로부터 무시당하고 외면당하면서도, 원망도 바람도 없이 뭇 생명들을 보듬는 이끼에서 맑은 영혼이 느껴졌다. 비록 자신은 춥고 배고플망정, 숲에 사는 생명체들의 엷은 이불이 되고 양식이 되어 추위로부터 보호해주는 느꺼운 배려가 저릿한 아픔으로 내 가슴에 여울져 왔다. 애벌레가 이파리를 배불리 파먹을 때까지 몸을 뒤척이지 않는 나무의 음덕이 저러했을까. 모질도록 푸른 제 목숨을 아낌없이 소신공양하는 이끼의 희생이 불현듯 시련 속에서도 온 정성과 억척을 쏟아 부은 내 엄마의 지난한 삶을 떠올리게 한다.

이끼에게선 푸른빛이 감도는 비릿한 슬픔의 냄새가 난다. 이른 새벽 정화수 떠놓고 두 손 모아 비손하던 엄마의 마음빛깔을 닮아서일까. 엄마의 삶도 이끼처럼 그늘지고 눈물이 많았다. 남들 앞에 내비치는 엄마는 정신이상자요 무지렁이였다. 그것이 부끄러웠다. 그 어느 누구에게도 내보일 수 없는 엄마를 후미진 유배지로 귀양 보냈다.

내 젊음의 뜰에 늘 어두운 그림자로 서성이던 엄마를 헤아리지 못한 나는, 모난 세상을 가슴에 품고 살았다. 살을 에는 아픔을 참아내느라 억장이 문드러져도, 엄마는 그래도 되는 줄 알았다. 바람 잦을 리 없는 마음에 잔걱정이 누에 알처럼 슨다 한들, 엄마는 그래도 되는 줄 알았다.

나뭇잎이 어지럽게 앞마당에 나뒹굴 때면, 엄마는 신파극에 나올 법한 대사들을 술술 잘도 쏟아내곤 하셨다. 엄마의 푸념이 허공을 맴돌다 내 머리에 와 둥지를 틀 때면 안개보다 더 짙은 상념이 나의 영혼을 어지럽혔다. 덜 삭은 슬픔이 창자에 고여 들자, 시퍼런 갈기를 곤두세우고 엄마는 내게 걸림돌이라며 고무공처럼 되받았다. 이제 막 물 오른 새침데기 사춘기 계집애는 행려병자 같은 초라한 행색의 엄마가 늘 못마땅했다.

오래 전, '못생긴 사람 선발대회' 에서 우승한 어느 여인의 기구한 삶이 생각난다. 그는 얼굴에 기형을 동반하는 스터지 웨버 증후군이란 희귀병을 가진 그

레이스 맥대니엘이다. 당나귀얼굴을 한 그레이스는 서커스단의 괴물쇼 전시회에서 관객들의 조롱과 비웃음에도 손을 흔들어 주며 아들을 위해 돈을 벌어야 했다. 하지만 아들 엘머의 영혼은 그의 외모만큼 아름답지 않았다. 그는 어머니가 수고한 돈을 마약과 도박으로 다 탕진해 버렸다. 빈털터리가 된 그레이스는 그러한 아들을 내치지 않고 품 안으로 거두어들이며 정성을 다하다가 끝내 이승을 떠나고 말았다. '세상에서 제일 못생긴 여자' 가 '세상에서 가장 아름다운 마음씨를 지닌 따뜻한 엄마' 였음을 그의 아들은 종내 깨우치지 못했던 것이다.

전생에 무슨 업보를 지었던가. 손가락 사이 겉돌던 막내 딸년이 급기야 어미 품 안을 박차고 나갔다. 슬픔이 웃자라면 바람 빠진 듯한 헛웃음만 나온다던가. 망나니를 대문간에서 지켜보던 엄마가 하늘을 향해 망연히 웃으신다. 그것이 이별보다 더 아픈 그리움이란 걸 그때는 정녕 알지 못했다.

"하룻밤만이라도 여기서 묵고 가거라……." 엄마의 간곡한 말이 방향을 잃은 채 비틀거리다 땅 위로 무기력하게 떨어진다. 마른 두 눈에서는 깊은 호수가 일렁인다. 엄마는 젖은 마음을 숨기려는 듯 야시비가 내린다며 넌지시 하늘을 올려다본다.

대문간에 서서 아롱아롱 눈물짓던 울 엄마, 간절함이 목에 걸리는지 연신 마른침을 삼키신다. 어쩌다 시뻘겋게 달아오르다가도 뗣지근한 성미에 물러터지고 마는 촌뜨기 같은 울 엄마, 큼지막한 생을 보퉁이에 이고 홍시빛 달뜬 사랑을 내보이며 저만치 멀찍이 서있는 뒷모습이 애처롭다. 살아생전 망나니 딸년을 품 안에 두고 싶어 했건만, 끝내 그 고운 소망 지피지 못한 채 육십의 언덕을 갓 넘은 길을 멈추고 말았다.

영화가 한 장면의 예술이듯, 사람의 일생도 세월 한 켠에서 풍화되지 않는 하나의 이미지로 남는지 모른다. 물밑에 거대한 얼음덩이를 숨겨둔 빙산의 일각처럼, 스쳐간 삶의 한 장면은 그 뒤에 남겨진 많은 이야기들을 담고 있다. 멀찍이 서서 바라보던 엄마의 젖은 미소는 지금도 지워지지 않는 비문이 되어 내 가슴속 깊이 아로새겨져 있다.

삶이 이리저리 곡예를 부릴 때면, 엄마는 자주 일상을 놓치곤 했다. 무당이 신을 부르듯 애끓는 아픔을 토해낼 때면, 하늘이 맴을 돌고 땅이 요동을 쳤다. 사는 일에 능하지 못해 마음속에 무덤이 쌓일 때면, 마당에다 집기들을 내던지며 가슴북을 치셨다. 눈 덮인 산자락을 휘돌아 온 바람이 자진모리 장단으로 세월의 허리를 감을 때면, 심해보다 더 깊은 한숨을 내쉬었다. 조였다가 풀어지고, 풀어졌다가 조여드는 진양조 한풀이로 굽이굽이 넘어온 인생길을 한 됫박쯤 쏟아내셨다. 한 바탕 요란한 불꽃이 지나간 자리에는, 바스러지는 검은 재만 가득 남았다.

엄마는 끓어오르는 울분을 삭이지 못해 가슴을 새카만 숯덩이로 태우다가, 급기야 혼쭐을 뒤흔드는 정신이상 증세에 꺼둘리게 되었다. 바깥바람이 잦았던 아버지를 원망하면서도 엄마의 시선은 늘 아버지에게로 향했다. 아마도 한

남자의 여인으로, 출렁이는 봄볕을 마음에 품고 싶었던 여심이었을지도 모른다. 엄마인들 아리따운 꽃이 되고 싶지 않았으랴. 다 지나간 한평생이라고 읊조리는 엄마의 애달픈 흥타령이 고추보다 더 맵싸하다.

괘종시계가 서너 번 울리면 엄마의 치맛단이 문지방을 넘는다. 맑은 성화수 한 사발을 떠와 윗목에 차려놓고 마른 장작 타는 소리가 나도록 두 손 모아 비나리하신다. 주렁주렁 꽃망울을 매달고서 꿈에 부푼 어기찬 삶이기를 기원했으리라. 세상바람이 혹여 세차게 불까 봐 아래를 내려다보는 어미의 가슴은 늘 고빗사위였으리라. 엄마의 기도가 약이 되었는지 콩 볶듯 어수선하던 내 인생도 시나브로 가라앉았다.

세월은 쇠어버린 지난날들을 그립고도 아련하게 해주는 별스런 재주가 있나 보다. 지나온 길목마다 복병 없는 삶이 있을까마는, 속병을 다스릴 처방이 그리 쉬울쏜가. 엄마의 구슬픈 타령을 듣고 있자니, 콧마루가 겨자 먹은 듯 알싸해진다. 등 굽은 작달만한 울 엄마, 젓갈 새우처럼 짠 생이 안쓰럽기만 하다.

그러한 엄마에게선 늘 습지고 쾨쾨한 냄새가 났다. 궂은 인생살이로 거칠어진 엄마가 그때는 어이 그리도 못나 보였을까. 그렇게도 부끄러웠던 못난이 엄마가 이젠 한 떨기 꽃송이같이 향기롭게 다가온다. 일평생 자식들의 앞날에 티를 가려내느라 늙어 쇠잔해진 엄마의 일생은 아름다움을 넘어 거룩한 경전이 아니던가. 남에게 내세울 만한 업적이 없더라도, 엄마의 일생은 값지다. 누가 내 엄마를 추하다 욕하겠는가. 거칠어질수록 여물어 가는 내면에서 그윽한 향취가 빚어짐을 누가 외면한단 말인가.

햇살이 창을 넘어와 너덜해진 엄마 인생을 쥐고 흔들어댄다. 미간에 잡힌 주름이 가볍게 경련을 일으키다가 다시 눈을 감으신다. 이제 엄마에겐 애환을 담은 세상 모든 것이 다 헛것이요, 부질없는가 보다. 지나온 숱한 편린들은 더 이상 아무런 의미를 갖지 못한 채 정체된 시간 속으로 침잠한다. 남은 거라고는 세월의 수레바퀴에 누렇게 삭아 내린 마른 일상뿐이다. 꽃이파리들이 바람에 사라락 사라락 떨어지는 만추에, 미동조차 않는 엄마의 정지된 삶에서 뭉클한 연민을 느낀다.

삶의 고달픔을 모서리가 깎여나간 넉넉한 웃음으로 삭일 줄 아는 세월의 굽

이에 접어들어서인지, 마음의 갈피마다 아늑한 울림이 일어난다. 엄마를 세상 밖으로 나오지 못하게 가둔 건 아버지가 아닌 바로 나였음을 뒤늦게사 깨친다. 아리지 않는 손가락이 어디 있으랴만, 엄지인 아버지보다 새끼인 나에게 더 큰 아픔을 지니고 있었음을 그때는 알지 못했다.

세상을 향해 페달을 밟아가는 날숨에 거친 휘파람 소리가 묻어날 때면, 애면글면 인고의 세월을 다독이며 살아온 당신의 역사를 떠올린다. 장독에서 장 냄새가 나듯 삶도 내림하는지 모른다. 엄마가 그러했듯이, 나도 유별나게 푸른 구석을 좋아한다. 있는 듯 없는 듯 후미진 길머리에 서서 소슬히 여울지는 세월의 뒤안길을 말없이 뒤따르고 있다.

간절함이 담긴 기도가 하늘에 닿았을까. 그렇게도 속을 태우던 막내딸년이 이제서야 가로 늦게 철들어 잎겨드랑이마다 달맞이꽃을 매달고 제 어미의 해어진 마음을 기우며 곁을 지킨다. 달빛에 나붓거리는 꽃잎들 사이로 이끼 내음이 파랗게 달무리지면, 노오란 그리움이 추신되어 망울망울 눈물진다.

후룩후룩 꽃잎이 질 때면, 까막눈 당신은 물기 많은 한숨을 거두고 걸음걸음 흩뿌려 놓은 꽃길을 즈려 밟고 건넛마을 고개를 넘고 계시리라. 저 너머 햇빛이 잘 드는 산등성이 언저리에서 골 깊은 주름을 활짝 펼치며 늦은 가을을 말리고 계시리라.

부러진 인연

물구나무로 서서
떨어져나간 머리카락을 주워 어루만져 본다
내 곁으로 여러 사람이 스쳐갔고
또 그 숫자만큼의 인연들이 오고갔지만
저 머리카락과는
전생의 인연 같은 남다른 감정이 인다
숱하게 만나고 헤어지는 관계의 굴레에서
엿가락처럼
길게 이어질 것만 같았던 인연이었는데……
조금만 주의했더라면
그 인연을 유지시킬 수도 있었을 텐데……
붙잡고 싶은 것들은
왜 그렇게 쉬 사라지는지……
부러진 인연에 못을 박아 고정시키면
그 만남이 처음 자리로 되돌아갈까
아서라 말어라.

코딱지 둔다고 살이 되랴마는
내게서 멀어질 때마다
마음은 늘 허전하고 못내 아쉬워진다
거울 앞에 앉아 다시 빗질을 한다
세상의 인연을 붙들어 매듯
정성을 들여 머리를 곱게 매만진다
나이가 들수록
등이 굽을수록
목소리가 안으로 잠길수록
머리카락의 엉킴은 가벼워진다
헝클어진 인연들이 하나둘씩 빗어져서일까.

머리카락

거울 앞에서 빗질을 한다. 처음에는 대담하고 큰 동작으로, 그 다음에는 작고 세밀한 손질로 머리를 빗는다. 유난히 숱이 많고 긴 탓인지 아무리 다듬어도 이내 헝클어지고 만다. 여러 번의 쓰다듬음 끝에 깔끔한 정도는 아니지만 남들 눈에 지저분하지 않을 만큼 가지런한 모습이 되어간다.

참빗으로 골이 생기지 않게 촘촘히 쓸어내려진 머리카락이 피부에 닿는 것을 느끼며 얼굴 주위를 감싼다. 그 흑단의 물결 속에 두 눈을 담그면 검은 머리칼은 큰 파도가 되어 살아있는 내 주위의 모든 의식을 움켜쥔다. 곱슬곱슬한 머리, 구불구불한 머리, 삐죽삐죽 세운 머리, 땋아 늘인 머리, 손바닥처럼 매끄러운 민머리……. 출렁이는 바다 안에 그 길이와 올의 굵기에 따라 다양한 형태와 모양이 만들어지는 컴컴한 심연 속으로 숨겨진 세계를 뒤진다.

자연에는 여러 형태의 구가 있다. 맨 위에는 둥근 형태의 천체가 있고, 아래에는 공 모양의 사람머리가 있다. 머리카락은 그 자그마한 원 안에 내면의 정기

를 양분으로 삼아 육체와 영혼을, 인간과 자연을 연결시켜 주는 신비스러운 왕관이다. 우주의 모체인 태반에서 나와 우리 몸의 제일 윗부분에 위치한 그것은, 세월이 흘러도 변하지 않으며 죽었지만 영원히 죽지 않고 과거의 모든 것을 기록하는 저축기관이기도 하다. 그래서 가늘지만 질긴 머리카락은 시공을 초월하여 늘 말이 많아왔다. 그 한 올은 전생에서 축적된 업장이 그대로 현세에 각인되어 온 무게와도 같다고 한다. 그래서일까. 유달리 길고 틈새 없이 빼곡히 들어선 머리숱 때문인지 나는 남들보다 더 많이 얽히고설킨 삶을 살아왔다.

머리를 빗을 때마다 고이고 쌓인 하루치의 세속 사연이 버거웠는지 자신의 몸뚱이를 털어낸다. 때로는 내 부주의로 아까운 머리카락이 뜯겨져 나가거나 뽑혀져 나가는 경우도 허다하다. 그렇게 가느다란 몸에서 엉키면 잘 풀어지지 않는, 그 앙칼진 힘이 어디서 나오는지 그저 신기할 따름이다. 뽀송뽀송한 갓난 애기 머리는 아무리 빗어도 헝클어지지 않듯이, 인간관계도 처음부터 삐끗하지는 않았을 게다. 하나, 살아가면서 상호간의 갈등과 오해로 얽힘이 촘촘해지고 칡뿌리처럼 질겨져서 서로간의 인연이 낯설게 엮어지고 억세졌을 게다.

뿌리에서 낙화된 머리칼은 비명소리마저 익사당한 채 땅바닥으로 곤두박질 친다. 바닥 아래로 떨어진 죽은 시체들 위로 바람이 스치자 산 생명체인 양 꿈틀거린다. 잊혀진 꿈에 대한 미련이 남아서 떠나지 못하고 서성거리는 걸까. 아니면 퇴락한 어제의 자투리인연들이 민들레 씨앗 되어 새로운 터를 찾아 날아가고 싶어 하는 걸까. 땅바닥에 몸을 펴고 누운 모습은 못내 장렬하다.

물구나무로 서서 떨어져나간 머리카락을 주워 어루만져 본다. 내 곁으로 여러 사람이 스쳐갔고 또 그 숫자만큼의 인연들이 오고갔지만, 저 머리카락과는 전생의 인연 같은 남다른 감정이 인다. 숱하게 만나고 헤어지는 관계의 굴레에서 엿가락처럼 길게 이어질 것만 같았던 인연이었는데……. 조금만 주의했더라면 그 인연을 유지시킬 수도 있었을 텐데……. 붙잡고 싶은 것들은 왜 그렇게 쉬 사라지는지 모르겠다.

부러진 인연에 못을 박아 고정시키면 그 만남이 처음 자리로 되돌아갈까. 아서라 말어라. 코딱지 둔다고 살이 되랴마는, 내게서 멀어질 때마다 마음은 늘 허전하고 못내 아쉬워진다. 떨어져나간 머리카락을 다시 되돌려 붙일 수가 없듯이, 한번 맺은 인연은 어떤 일이 있더라도 그 이전의 원점으로 회귀될 수 없다는 것 또한 잘 알고 있다. 그러기에 애꿎은 신의 탓으로 덤터기 씌워 억지를 부려서라도 본자리로 옮겨놓고 싶다.

벌은 생존을 위해 꽃으로부터 자신에게 필요한 꿀을 따고 떠나지만, 그 꽃에게 상처를 남기지 않는다. 사람과 사람 사이에도 그러한 인연의 고리가 만들어진다면, 헤어짐에도 상처에 대한 면역이 생겨 이토록 관세보살을 찾지는 않을 것이다.

다행히도 한 가닥의 머리카락은 연약한 끈에 지나지 않지만 한시도 성장을 멈추지 않는다. 하나가 빠지면 다른 하나가 그 자리를 메워 보완해주면서 쉼 없이 유전해간다. 떼를 쓰는 욕망에 시달려 온 늙은 머리카락이 진 그늘 사이로 검은 향기를 담은 어린 싹들이 또 하나의 세력을 뻗치려 한다. 잘못된 인연의 흔적을 지침서로 삼아 그 다음에는 좀 더 나은 인연이 이어지도록 끊임없이 처음으로 돌아갈 수 있게 해 준 신의 배려임에 틀림이 없다. 이렇게 한 생각 덜어내니 마음 한 켠에 아픔으로 자리하고 있던 아쉬운 인연보다는 아직도 내게 다가올 인연이 많이 남아있음이 신의 또 다른 축복으로 여겨진다.

검은 차도르를 뒤집어쓴 과년한 머리카락은 대기 속의 바람을 누비며 군무를 추는 듯 날렵한 자신의 몸매를 자랑스럽게 드러낸다. 파도처럼 구불구불 너울거리는 머리카락의 풍요는 아름다움을 넘어선 관능이 엿보인다. 한때 염색과 탈색, 파마와 곧게 펴기를 하면서 자아도취적인 환상에 빠져 인두로 지져지는 고문을 겪어야 했던 여린 머리카락의 고통을 알지 못했다. 내 젊은 날의 부질없던 혈기와 무지했던 편견으로 생채기가 난 아까운 인연들이 감당해야 할 무게임을 또한 그때는 알지 못했다. 그리스 헤모니아의 늙은 마녀가 내 머리에 독이 든 물을 적신 것이 아니라, 인연을 소홀히 했던 바로 나 자신이 독을 발랐던 것임을 그때는 헤아리지 못했다.

태풍이 바닷물을 뒤엎듯, 젊음이 귀밑에 감춰진 세월 속으로 파고든다. 머리가득 메워준 검은 체취가 항상 그 자리에 있으리라 자신했는데……. 걷잡을 수 없이 빠르게 흘러가는 세월은 매양 봄이라 생각했던 검은 숲에 하얀 서리를 뿌리며 달아난다. 아무리 잡아보려고 애를 쓰고 소매를 걷어보아도 잡히지가 않는다. 가을이

내린 색 바랜 머리카락에 자꾸만 눈길이 머문다.

가야 할 때가 언제인지를 알고 떠나는 이의 뒷모습은 아름답다고 했다. 머무를 때와 질 때를 아는 늙은 머리카락의 해탈을 가슴 깊이 심으며 패기만만했던 젊음을 가만히 무릎 아래 내려놓는다. 내 의지로는 마음을 헹구지 못하니 귀밑머리에 스며드는 흰서리는 어쩌면 거듭남을 허락하신 신의 심부름꾼일지도 모른다. 뱀 껍질처럼 묵은 허물을 떨구어 내는 늙은 머리카락의 되새김질은 허투루 살아온 인연을 단단히 여미게 하는 채찍이 되어 나의 현재를 묻는다. 기왕에 지나간 인연은 돌이킬 수 없지만, 내일은 또 다른 내일의 인연이 주어진다. 아침에 창을 열면 또 다른 하루치의 인연을 만나는 것은 살아가는 잉여의 기쁨이 아닐 수 없다. 수많은 낯선 만남들이 한 몸으로 녹아드는 강물처럼 나를 주장하지 않으면서 하나로 스며들 수 있는 그런 넉넉한 품새로 내일의 인연을 품으리라. 하얀 서리는 영혼을 덮어주는 이불이 되어 대장편서사시와 같은 초로의 인생에서 천지의 충만함을 전해준다.

다시 거울 앞에 앉아 빗질을 한다. 세상의 인연을 붙들어 매듯 정성을 들여 머리를 곱게 매만진다. 나이가 들수록, 등이 굽을수록, 목소리가 안으로 잠길수록 머리카락의 엉킴은 가벼워진다. 헝클어진 인연들이 하나둘씩 빗어져서일까.

고향의 자궁

조약돌처럼 집었다가
조약돌처럼 물속에 던져버린
내 고향을 자루가 긴 뜰채로 건져낸다
그의 애절한 눈길을 애써 외면해
편치 못했던 나의 양심도 건져낸다
고향의 살 냄새가 난다
이제
나는 우리나라가 자랑스러워졌다
세상이 아무리 넓어도
내가 태어난 고향이 나의 중심이고
원주를 이탈하려는 당신의 자식을
태반 안으로 품기 때문이다
수평선 너머 세상을 떠돌면서
혹독한 대가를 치른 탕아를
주소 하나 바꾸지 않고
그 자리에서 묵묵히 기다려온
내 고향으로 돌아가리라

만선의 깃발을 달지 않더라도
칭칭이소리가 없이라도 좋아라
빈 배에 아름다운 강산을 싣고
아름다운 우리말을 싣고
아름다운 아리랑을 싣고선
양수처럼 출렁대는
어릴 적 내 강보이던
고향의 자궁으로 돌아가리라.
돌아가면,
늙어 쇠잔해진 고향의 허리에다
명주실같이 질긴 닻줄을
바투 동여매고는
가나안의 복지 땅을 지키는
등대지기가 되리라.

뿌리

어깨너머로 바다가 한눈에 모여든다. 쪽빛으로 흥건히 물들인 비단보자기가 구겨진 듯한 바닷가, 그 너럭바위에 앉아 처얼썩 처얼썩 화음을 내며 물 위로 널뛰는 파도의 날렵한 춤사위를 바라본다. 뱃고동 소리보다 더 크게 포효하는 파도는 공중을 향해 포물선을 그리며 그 너머의 세상을 기웃거리기라도 하듯 해면 밖의 유희를 즐긴다. 바구니에 담아둔 게마냥 담 넘어 검푸른 물살이 요동치는 더 먼 바다로, 더 넓은 세상으로 소용돌이치고 싶었던 것은 아닐까. 원추형의 꼭짓점이 닿는 미지의 세계를 향해 암호 같은 삶을 살다 간 이상의 '날개' 처럼 날아보고 싶었던 것도 아닐까.

어디선가 바람 한 자락이 불어와 내 몸을 휘감고 있던 대처에의 그리움을 건드린다. 그 긴 꼬리에 묻은 낯선 문명의 냄새는 갇힌 액자 속의 풍경 같은 고답적인 틀에 얽매인 자신을 풀어주고 싶은 욕망으로 꿈틀거린다. 거대한 멍석말이로 밀려왔다 부서지는 희뿌연 물테를 보며 어제가 오늘인 양 밋밋한 내 삶의

제한된 반경에 염증이 도진다. 색주가의 수박등 같은 화려한 문명의 자궁을 그리며 수평선으로 테두리 쳐진 궁륭 저편 닿을 수 없는 먼 곳을 향해 해파리처럼 떠다니고 싶었다.

내가 있는 땅은 너무 비좁았다. 모둠발로 훌쩍 뛰어도 북한산에 닿을 만큼 좁다란 땅이 발아래 어설프기만 했다. 거대한 서구문명과 아름다운 인공의 조화가 어우러진 드넓은 땅을 향해 줄달음치고 싶었다. 서쪽바다를 자맥질하며 건너온, 흰 치마를 두른 보헤미안은 그렇게 내 안의 잠을 깨웠다. 나는 수평선 너머 태평양의 푸른 바다를 향해 눈썹을 휘날리며 찬란한 유채색의 꼬드김 속으로 힘차게 페달을 밟았다.

그 바람대로 한국에 주둔한 미 군속 남편을 만나 호적을 옮겨 분갈이를 했다. 성조기를 배경으로 몽고족의 후예임을 애써 감춘 흔하디흔한 동양인의 얼굴이 새겨진 신분증을 건네받았다. 한국 땅 안에 있는 그들만의 치외법권 지역을 내 집인 양 자유롭게 드나들며 새로운 환경과 이국의 풍물에 촉수를 모아 그 별천지세계로 숨는 것이 흥미로웠다. 발정 난 구렁이처럼 온몸을 뒤틀면서 파고드는 미합중국의 화려한 관능의 색채를 기웃거리며 그 원색의 도발적인 요란스러움에 발 놓을 틈 없이 신났다.

추자벌레가 살아 꿈틀거릴 것 같은 짙은 눈썹을 쌓아둔 코 큰 사내들이 황소개구리처럼 와글와글 떠들어댄다. 몸통둘레만큼이나 우렁차게 새어나온 목소리는 미국의 젊은 역사를 대변해주는 듯 당당하고 자신만만하게 들린다. 나른한 햇살을 즐기는, 가늘고 긴 목에 화려한 장신구를 단 여인들은 그들의 강력한 경제력을 말해주는 듯 어딘지 모르게 귀티가 난다. 꽃무늬를 그려놓은 것 같은 정원에 잘 다듬어진 잔디와 눈부시게 청청한 수목들로 울타리 쳐진 녹색의 조경은 바깥세상 잡목들의 출입을 허락하지 않겠다는 도도함이 엿보인다. 마치 도시 한복판에 위치한 미군부대가 우리 땅의 우듬지 자리를 차지하고선, 그 주변과 구획을 지어 경계를 하듯이.

나는 알롱달롱 색들인 머리에 무르팍이 찢어진 청바지를 입고 검정고무신을 신은 한국인이다. 거울 속에 비대칭적으로 비친 모습을 보며 내 삶에 녹아있던 값싼 서구문화에 대한 숭배의식을 축출해 내려는 내적 혁신도 없이 세계화만을 부르짖으며 대한민국을 '대한미국' 으로 전환시키는 데 큰 공을 세웠다. 허나 내가 만든 신미국은 낯선 표정으로 갈옷을 입은 한민족의 조상을 닮은 어설픈 이방인을 냉랭하게 구분하는 듯했다. 바람에 휩쓸려 땅 위에 정착하지도 못하고 허공 속을 떠돌다가 길가 한 구석으로 패대기쳐진 쓰레기처럼, 나는 객지의 추녀 밑을

깃드는 나그네 꼴이 되고 말았다. 그제서야 미국사회가 쌓아놓은, 낮지만 두터운 장벽을 죽는 날까지 부수어버릴 수 없다는 걸 직감하였다. 아무리 서양 사람의 흉내를 내어도 빈대떡에 케첩을 발라먹는 격이었음을 깨닫게 되었다.

미군부대 담벼락을 따라 걷는다. 육중한 시멘트 숲 사이로 휑한 공허가 보인다. 마을조차 없는 허허벌판에 혼자 남겨진 듯한 느낌이다. 나는 광야에 홀로 선 외로운 문명인이 되어 풀기 잃은 고개를 아래로 떨군다. 잔디 사이에 돋아난 잡풀에 두 눈이 머문다. 뿌리째 뽑으려 하니 막무가내다. 그 흔한 풀들조차 죄다 뿌리를 갖고 있는데, 나는 왜 어디에도 뿌리를 내리지 못하고 떠돌기만 했단 말인가. 내 그림자가 길게 자리를 잡힐 때서야 나의 존재에 대한 정체성이 고슴

도치 가시처럼 돋아나기 시작했다. 그동안 태평양을 건너온 거인에 가리어 고향이 지닌 아늑한 세상을 망각해 왔었던 것이다.

뉘 집 창문틀에 놓인 꽃병 가득 메워진 화초들을 바라본다. 뿌리가 뽑힌 풀들은 옛 토양이 그리워서인지 축 늘어진 사시랑이 같은 몸으로 두리번거리는 반춤이, 땅을 잃은 실향민들의 울부짖음 같아 애처롭기 그지없다. 그들이 설 자리는 흙을 벗어난 허공이 아니라 뿌리가 박힌 대지가 아니던가. 파리한 이파리마다 맺힌 짙은 그리움은 추신되어 고향을 떠난 지 오래된 나그네의 눈가를 적신다.

조약돌처럼 집었다가 조약돌처럼 물속에 던져버린 내 고향을 자루가 긴 뜰채로 건져낸다. 그의 애절한 눈길을 애써 외면해 편치 못했던 나의 양심도 건져낸다. 고향의 살 냄새가 난다. 턱 밑까지 차오르는 반가움에 아무 말도 못 한 채

내 집으로 데리고 온다. 대문을 활짝 열어 안방에다 모셔두고 길게 심호흡을 한다. 내가 뱉은 어둡고 탁한 기운을 웅심 깊은 그분은 고스란히 들이마신다. 절대적 타인으로 봉사 오 년, 벙어리 오 년, 귀머거리 오 년의 하 많은 낯선 세월들을 퍼 담아 그동안의 한과 설움을 몽땅 쏟아낸다. 그분은 설익은 패기에 찬, 비루하고 속절없는 시간들을 뭉근한 구들목에다 묻어 따뜻하게 데워준다. 그분의 품에 안긴 나는, 마음속 지도에 더 넓어진 영토를 가진 새로운 땅을 발견한다. 그 땅 위에다 부레와 같은 자신을 단단히 매달아 두어 동면에 든 파리한 세월들을 숙성시킨다.

자숙의 시간을 거치면서 풋내 나던 내 안은 뽀얀 분으로 단내를 풍기기 시작한다. 어느 누구의 폐부도 거치지 않은, 맑고 청량한 고향의 첫물을 들이켜며 이전의 죄들을 조아리고 참선에서 깨어난다. 딴 사람이 되어 긴 여행을 끝낸 나는 까탈스럽게 품격 있는 자리에 놓여 현란하게 돋보이려고 경계를 짓는 외래 것보다, 소박하고 가난하지만 푼푼한 정이 깃든 우리 것이 좋아졌다. 잔가지를 다 쳐낸 몇 가닥의 잎만으로도 고향의 아름다움을 읽을 수 있는 함축된 여운이 좋아졌다. 부족한 듯 가난하지만 구수한 마음에서 더 담을 수 없는 삶의 여유로운 향기가 좋아졌다.

얼마 전, 전통적인 타악기와 현대악기가 어우러진 최소리의 드럼공연을 본 적이 있다. 한때 그는 우리나라 록밴드의 일대 획을 그었던 그룹 '백두산'에서 드럼을 연주한 대중음악가였다. 서양의 선진문물에 물린 후에야 비로소 우리 것에 눈뜨게 된 그도, 가장 한국적인 것이 가장 세계적인 것이라며 천년 묵은 우리 문화의 소중함을 알게 되었다고 한다. 그러한 신념을 바탕으로 우리 전통의 소리와 춤, 무술이 신명나게 어우러져 온몸을 전율케 하는 그의 두드림은, 뿌리 깊은 한국인의 기백과 당당함이 묻어난 정체성을 느끼게 하기에 부족함이 없었다. 근원을 만난 듯 북채로 힘차게 영혼을 두드리는 그 절묘한 소리는 내 안에 식지 않는 깊은 울림이 되었다.

이제 나는 우리나라가 자랑스러워졌다. 천혜의 지하자원이 풍부해서도 아니고, 세계의 금융을 거머쥘 경제력을 가져서도 아니다. 그렇다고 남들이 넘보지 못할 막강한 군사력을 보유해서도 더 더욱 아니다. 세상이 아무리 넓어도 내가 태어난 고향이 나의 중심이고, 원주를 이탈하려는 당신의 자식을 태반 안으로 품기 때문이다. 겨울눈이 햇빛에 반사되어 눈부실지언정 그 고향은 응달이듯이, 서구의 발달된 문명이 아무리 좋을지언정 내가 있어야 할 본향은 호랑이의 기개가 서린 조선 땅이 아니던가. 돌아갈 곳이 있다는 것은 얼마나 다행한 일인가. 정착할 땅 없이 떠돌아다녀야 하는 쿠르드족이나 니카라과 난민들을 생각할 때면, 작지만 야무진 내 땅, 내 나라가 있다는 것은 여간 축복이 아닐 수 없다.

수평선 너머 세상을 떠돌면서 혹독한 대가를 치른 탕아를 고향은 주소 한 번 바꾸지 않고 그 자리에서 묵묵히 기다려 주었다. 만선의 깃발을 달지 않더라도, 칭칭이 소리가 없이라도 좋아라. 빈 배에 아름다운 강산을 싣고, 아름다운 우리말을 싣고, 아름다운 아리랑을 싣고선, 양수처럼 출렁대는 어릴 적 내 강보이던 고향의 자궁으로 돌아가리라. 돌아가면, 늙어 쇠잔해진 고향의 허리에다 명주실같이 질긴 닻줄을 바투 동여매고는 가나안의 복지 땅을 지키는 등대지기가 되리라.

무당

병이 나면 병원으로 가듯
삶의 문제에 부딪혀
막다른 길에 다다르면
종교의 있고 없음
학식의 높고 낮음과
직업의 귀하고 천함
소유의 많고 적음을 떠나
사람들은 무당을 찾아간다
그들의 요구는 언제나 절박하기에
인생의 깊이를 알지 못하면
사연 많고 굴곡진
한의 세계를 풀어내지 못한다
더구나
합리적이고 과학적인 법칙으로도
미지의 문제들은 해결할 수가 없다
사랑이 이성을 넘듯이
무당은 학문적 지식보다는
경험을 넘어야 한다

그러기에 그는
그을음투성이의 밑바닥 삶을 살면서
다른 사제자들보다 더 입체적인
여러 형태의 다양한
세속의 풍파를 몸소 겪는다
이는
신도 아니고 사람도 아닌
중간에서 평생을 살아야 하는
평범한 인간으로서의 삶을 저당 잡힌
설움과 한의 아픔을 치른 후에
얻어지는 결정체이다
밝지만 그림자를 드리우는 빛보다는
보이지 않지만
신과 사람들과의 연결을 통해
복을 기원해주며
말없이 스스로 녹는 소금 같은 존재인
무당은 낮은 자리에 있으면서
가장 겸손한 음지 속의 사제자가 아닌가 싶다.

까마귀

까악까악, 저놈이 또 울어댄다. 오늘 하루도 신수 사납겠구나 싶어 웬수 같은 저 울음소리가 소름 끼치도록 까맣게 들려온다.

먼 옛날에는 까마귀가 예언하는 신통한 재주를 가졌다 하여 신령스러운 새로 받들어졌다고 한다. 새를 숭상해 온 우리 민족문화에서 이러한 흔적들을 쉽게 찾아볼 수 있다. 까마귀가 임금을 암살 위기에서 구했다는 설화에 근거하여 정월 대보름이면 약밥을 지어 제를 올렸으며, 고구려 고분벽화를 보더라도 태양 속에 산다는 세 발 달린 삼족오가 그려져 있다. 또한 씨름총에는 단군신화에 등장하는 신단수 나무 위에 까마귀가 앉아 노니는 모습이 새겨져 있다고 하니, 우리 선조들에게 그놈은 광명을 가져다주는 해신이었음에 의심의 여지가 없다.

까마귀 비록 검다지만, 우리 민족은 백색과 아울러 흑색도 즐겼다. 고구려에는 신라의 화랑도를 능가하는 전문 무사집단인 조의선인이란 게 있었다. 전시

에 검은 옷인 조의를 입고 나라를 위해 목숨 바쳐 싸웠던 무예전사들로서, 고구려가 그토록 넓은 영토를 확장해 가며 기세를 뻗치는 데 큰 공을 세웠다. 그들이 입은 검은 조의는 저승사자가 걸친 싸늘한 도포가 아니라, 우리 민족에게 강인한 용맹과 드높은 기상을 고양시킨 위연威然한 도복이었다.

세월 따라 강산도 변한다고 했던가. 자고 나니 뒤웅박 팔자가 된 까마귀는 억울한 누명을 쓰고 귀양 보내진 비운의 새로 바뀌어졌다. 신을 대신하여 사람들에게 닥쳐올 재난을 미리 귀띔해 주던 귀물이 길조에서 흉조로 운명이 달라진 건 그리 오래지 않다. 깃털이 검고 울음소리마저 싸늘한 데다가 불길한 징조까지 주니, 사람들로부터 천덕꾸러기로 전락되어 점차 멀어져 간 것이다. 마을에서 쫓겨난 까마귀는 깊은 산속으로 들어가 은둔생활을 하면서 모진 목숨을 이어가야만 했다. 산기슭 공동묘지는 그들의 좋은 생존터전이 되었다. 사람들이 차례를 지낼 때마다 남겨둔 음식으로 그나마 주린 배를 채울 수 있기 때

128
20

문이었다.

영혼을 싣고 나르던 신조神鳥인 까마귀가 어쩌면 전생에 무당이 아니었을까 하는 의구심이 든다. 굳이 무당이라기보다는 우리 한韓민족의 조상일 수도 있지 않을까. 한때 그분들도 후손들에게 염려스런 훈계를 하며 귀한 대접을 받았으나, 오늘날에 와서는 실없는 늙다리의 잔소리로만 들려 사람들로부터 점차 멀어지게 된 것이 까마귀 팔자를 빼닮았다는 생각이 들어서이다.

살다 보면 삶의 풍파에 부딪혀 막다른 길에 닿을 때가 더러 생긴다. 우주와 자연을 지배하는 이법이 때로는 불가사의하고도 신비스런 힘으로 인간사를 이끈다는 것에 무릎을 치게 되기도 한다. 더군다나 합리적이고 과학적인 방법으로도 미지의 문제들을 해결하지 못할 경우이면 더욱 그러하다.

그럴 때면 종교의 있고 없음, 학식의 높고 낮음과 직업의 귀하고 천함, 소유의 많고 적음을 떠나 사람들은 조상을 찾아간다. 그것은 학문적 지식보다는 경험을 토대로 한 선조들의 산 지혜를 구하려는 최후의 몸짓이 아닐까. 그들의 요구는 언제나 절박하기에, 그을음투성이 삶을 살면서 갖은 세속풍랑을 몸소 겪었던 우리 조상들의 살아있는 인생이 아니고서는 해답을 캐낼 수가 없기 때문이리라.

허나 그도 그때뿐이다. 못난 며느리 제삿날 병난다고, 제 궁할 때만 조상 찾으니 가을에 못 지낸 제사 봄에 지내랴. 새대가리마냥 양심을 아래로 떨구고 이런 저런 상념에 마음을 헤매며 발길 가는 대로 하염없이 걸었다. 버드나무 가지 위에 오색 헝겊이 늘어져 있는, 하늘이 텅 빈 허름한 무당집에 다다랐다.

"얼굴이 보살형이야."

늙은 무당이 나를 보자마자 대뜸 건넨 말이다. 흐트러짐 없는 그의 눈빛은 다소 고집스러워 보였으나, 얼굴은 온화한 토종 애호박을 닮았다. 나는 그의 주름진 차림새에서 한때 찬란했던 옛 문화를 읽을 수 있었다.

자르르 윤기 나게 빗은 쪽진 머리에 선명한 가르마는 외세의 침략에도 굴하지 않은, 우리 선조들의 올곧고 강인한 정신력을 말해주는 듯했다. 화사한 비취 뒤꽂이는 아직도 보존해야 할 아름다운 우리 문화유산이며, 펄럭이는 쾌자에는 세상 만물을 안으로 다 품으려는 넉넉한 마음이 담겨져 있었다. 걸걸하고 쉰 듯한 목소리에는 인간의 편에 서서 신에게 소원을 갈구하며 비손하던 우리 조상들의 희생도 엿보였다.

저기 무당 간다. 예전에 나는 멀찍이 떨어져서 그를 바라만 보려 했다. 신도 아니고 사람도 아닌 중간에서 평생을 살아야 하는, 평범한 인간으로서의 삶을 저당 잡힌 설움과 사회적 고립을 애써 무시하며 잽싸게 등 돌리려고만 했다. 그것을 그들만의 피할 수 없는 멍에라고 웅얼거리면서 더불어 함께 살아갈 존재로는 인식하려 들지 않았다.

세월을 머금은 흰서리가 내리고서야 그런 눈흘김을 거둘 수 있었다. 뒤로 멀어진 발자국도 조금씩 끌어당겼다. 나의 단편적인 생각들을 절대기준으로 삼아 그를 보려 했던 옹졸한 시야가 부끄러워졌다.

밤길의 먼 불빛처럼 늘 아득해 보이던 조상문화가 서서히 내 눈에 들어오기

시작한 것이다. 처음엔 나와는 상관없는 별개의 세계라고 여기며 거들떠보려고조차 하지 않았다. 그러면서 어딘지 모르게 무시하는 마음도 있었음을 고백한다. 아마도 원시문화에 대한 대부분 사람들의 기억이 이러하지 않을까. 잘 모르면서 그저 두렵고, 그렇다고 가까이하기엔 왠지 께름칙하여 시간의 저편에 묻어버리고 싶은, 그런 것이 아닐까.

소라가 똥 누러 간 새 거드래기 기어든다더니만, 한때 위용을 떨쳤던 민족문화가 목 좋은 자리를 치고 들어온 젊은 문명의 기세에 눌려 맥없이 주저앉게 되었다. 영악한 그놈은 과학에 바탕을 둔 거대한 수확을 앞세워 세상 사람들을 송두리째 매수해 버렸다. 장구한 역사를 면면이 이어온 우리 민족의 아름다운 전통이 그놈 등쌀에 밀리어, 보존해야 할 소중한 미덕까지 폭삭 내려앉고 말았다. 세월이 갈수록 횡포가 심해져 가당찮게 자신을 치켜 주지 않으면 이내 관계를 매몰차게 닫아버려 찬바람만 고이게 한다. 오만감에 저 잘난 줄만 알고 으스대는 배은망덕한 후레자식은, 한韓민족의 고유문화를 시대에 뒤떨어진 진부한 악습으로 치부하거나 미신과 관련시켜 제 발치 아래 두고 지배하려 든다.

하지만 옛 풍습은 기나긴 역사의 길목을 지켜 온 수문장이며, 어려움을 이겨낸 우리 조상들의 삶의 거울이다. 특히나 무속은 우리 민족이 이 땅에 정착할 때부터 뿌리 깊게 내려진 대중풍속으로서, 단군을 교조로 한 토속신앙이 아니던가. 조금은 모나고 일그러진 부모라고 버릴 수가 없듯이, 이론적 체계와 그 내용이 미흡하더라도 수천 년 내려온 민중의 향토문화를 차갑게 굳은 신식문명의 틀 속에 부식시킬 수는 없으리라. 달팽이가 등 위에 집을 이고 다니듯 인간도 그 내면에 민족의 고유하고 오랜 역사와 전통이 있거늘, 하물며 그렇게 허무하게 내던질 수는 없는 노릇이다.

이천 년 동안 제 나라 없이 이곳저곳을 떠돌아다니면서도 자신들의 종교와 문화를 귀중하게 여기며 지켜온 이스라엘 민족이 생각난다. 영국의 역사학자 아놀드 토인비는 인류문명이 거지반 사라졌지만, 유대인들의 전통만은 지금까지 생생하게 살아 있다고 설파한 바 있다. 유랑과 핍박의 긴 역사 속에서도 풀뿌리 같은 강인한 정신력으로 자녀들에게 철저히 자신들의 고유문화를 전수한 이스라엘 민족의 저력이 여기에 있지 않나 싶다.

가까운 일본의 민속 문화만 살펴보더라도 얼굴이 붉어지기는 매한가지다.

일본은 그들의 원시종교를 신도神道라고 추켜세운다. 그렇다고 어느 누구도 그것을 미신이라며 주변부로 밀어내지 않는다. 세계적인 건축가인 안도 다다오가 '물 위의 신사' 라는 작품을 설계해 제 나라 신사의 위상을 한껏 끌어올린 것만 봐도 잘 알 수 있다. 그에 반해 우리는 멀쩡한 민속 문화를 감춰두고 꺼내어 쓸 생각조차 하지 않으니, 일본을 마주대하기가 왠지 거북살스럽다.

그 깨달음이 장롱 맨 아래 간직해 둔 사주단자보다 더 소중하게 다가올 즈음, 어디선가 까마귀 소리가 들려왔다. 주위를 둘러보았다. 버드나무 가지 끝에 까마귀 한 마리가 앉아있다. 갈 곳도, 깃들일 곳도 없어 가슴이 메는지 빈 허공을 향해 목젖이 새까맣게 타도록 까악까악 울부짖기만 해댄다. 가만히 듣고 있자니, 악을 쓰는 그놈의 울음소리가 우리 조상들의 나무람 같아 양심이 쪼그라든다.

얼마 전 방송에서 까마귀에 관한 기사가 실렸다. 까마귀들이 떼를 지어 울산

의 하늘을 뒤덮으며 몰려든다는 내용이었다. 울산시와 환경단체들은 까마귀는 흉조가 아니라 울산이 생태도시로 거듭났음을 증명해 주는 귀한 손님이라며 시민들에게 '까마귀 바로 알기' 홍보교육을 펼치고 있다고 전했다. 또한 까마귀 생태교실을 마련하는 등 시민들이 까마귀와 친숙할 수 있도록 다양한 프로그램을 고안하고 있다고 하니, 벌써부터 옛 명성을 되찾은 듯한 안도감에 조상 뵐 면목이 생겨 절로 흐뭇해져 온다.

반쯤 열린 문 틈새로 스며든 햇빛을 통해 선명해진 신당 앞에 무릎 꿇고 두 손 모아 기도하는 늙은 무당이 여전히 자리를 지키고 있다. 우리 선인들이 그래 왔듯이, 그도 문명의 거리에 휴지처럼 버려진 부도덕과 혼란을 잠재우고, 뒷방으로 밀려난 민속 문화의 옛 자취를 되찾으려는 염원으로 또 다른 긴 세월을 비손하고 있는 건 아닐까. 비록 체계화된 교리를 갖고 있지 않아 다소 어설프더라도, 당골의 혈통을 이어받은 신의 후손들이 제 조상을 섬기지 않고 제 문화를 내팽개치면 그 누가 받들고 지켜가랴. 우리 민족의 뿌리와 같은 무속의 위상을 되찾고 계승, 발전시켜 나가야겠다는 다짐이 내 안에서도 꿈틀대고 있다. 그러한 눈뜸이 천년의 울림이 되어 휑하니 뚫려진 가슴을 꽈악 채워주는 듯하다.

"얼굴이 보살형이야."

아무래도 그 무당집에다 내 영혼을 남겨두고 온 것 같다. 나는 세포 속에 숨어있는 미세한 입자들 하나하나에서 단군의 자손임을, 아니 당골의 피를 이은 후손임을 신의 축복으로 여기며 내 인생의 첫 장과 마지막 장에 새겨두련다. 그리고 언젠가는 두고 온 또 다른 나를 찾으러 그곳에 다시 들러야 할 것 같다.

두 번째
이야기

끼, 멈출 수 없는 그 지독한 열병

Jung Sung-hee story

어느 겨울의 감방일지

지지배배 노고지리

해가 갈수록 학교를 떠나는
빈 의자들이 쌓여가고
또 다른 봄이 와도
주인은 함흥차사요
행랑이 몸채 노릇 하고 있다
교과서를 등진 아이들이 갈 곳은
하늘과 땅 사이 어디에도 없다
어둠의 그림자가 짙을수록
절망의 무게가 깊어오는지
아이들은 땅이 흔들리도록
고래고래 고함지르며
상처에 상처를 더하지만
세상은
무관심한 듯 깊은 잠에 빠져 있다
쭉쭉 뻗어 가지 못하고 꺾어진 채로
세상 모퉁이로 밀린 애송이 청춘들은

의연하게 하늘 아래 선 또래들이 부러웠을 게다
한줌의 희망도 끌어올릴 수 없는 무력감에
양지바른 꿈을 찾아 비상하리라는 포부는
엄두조차 내지 못했을 게다
그럴 때면
울분을 삭이지 못하여
뱀이 갈라진 혀끝으로 독을 뿜어내듯
앞니 사이로 침을 퉤퉤 뱉으며
뭐라 뭐라 욕덩어리를 쏟아낸다
세상에 대한 분노와 경쟁에서
뒤처진 듯한 패배감을 걷어 내고
내일을 향한 작은 햇빛이나마 살뜰히 퍼 담아
그의 마른 가슴에 왈칵 쏟아 붓고 싶다
그리하여
꿈과 희망이 잘려버린 여린 청춘에
싱그러운 연둣빛 봄물이 아롱아롱 맺혔으면 좋겠다.

노고지리 지지배

썩을 년아, 뭐드러 여길 또 온 겨.

나를 보자마자 울먹울먹하는 다 자란 계집아이를 가자미눈으로 째려보면서 냅다 거친 인사 한 소절을 내던진다. 풀죽어 고개 숙인 아이의 젖은 눈망울과 마주친 순간, 가슴이 먹먹해 온다. 아직도 제 어미 뱃속 냄새가 채 가시지 않은 낭랑나이에 어쩌려고 자꾸 오는지, 그저 세상이 야속해진다.

창살 칸 사이로 아이의 거동을 내려다본다. 아이에게 "밥 먹었냐"고 묻자 고개를 가로젓는다. 저녁밥상을 건넨다. 조촐하다. 아이는 개 보름 쉬듯 밥술을 떠서 입 안에 마구 쑤셔 넣는다. 나는 '어서 먹어라' 고 무언의 눈짓을 보내고는 간간이 고개도 끄덕거려 준다.

아이가 뒷마무리 하는 동안, 하루 일을 정리한다. 그리고는 거실 안에 홀로 남겨두고 무거운 철문을 빠져나와 집으로 향한다. 현관 입구에 장신구며 옷가지들을 벗어던지고 긴 소파에 몸을 뉜다. 편안함이 녹아든다. 탁자 위의 리모컨

김광석 길

미인다방
338-2061
임고상회
시장식품

을 집어 들고 텔레비전을 켠다.

저게 뭐꼬. 온 사방에 삿갓을 눌러쓴 듯한 둥근 꽃이 만발해 있다. 화면 가까이 다가서서 자세히 들여다본다. 이럴 수가……. 해파리 무리들이 아닌가. 가을 탁발승의 시주바가지마냥, 웬 놈의 해파리들이 너르디너른 쪽빛 바다를 비좁도록 드나든단 말인가. 슬며시 궁금할 즈음, 양복 차림의 뉴스 앵커가 뭐라고 입을 오물오물 거린다. 볼륨을 높여 귀를 쫑긋 세운다. 우리나라 서해는 물론 남해안까지 해파리들이 군단을 이루어 몰려와, 고기잡이 그물들을 망가뜨리고 어족들을 마구 먹어치우고도 분이 덜 풀렸는지 해수욕객들을 공격하며 상처를 입힌다고 보도하고 있다.

해파리는 물처럼 맑고 청초하여 심성 또한 그러하리라 지레짐작했건만, 아

니 이건 또 뭔 소린가. 생긴 꼬락서니가 물렁물렁해서 힘을 제대로 쓰지 못할 것 같은 얌전한 놈이 불특정다수를 향해 그토록 난폭한 성향을 지니고 있었다니, 귀신인들 알아차렸겠는가. 둥근 우산 모양의 몸통 아래에 독을 묻힌 쐐기를 숨겨두고는, 누구라도 제 몸을 살짝 건들기만 하면 온몸이 마비되는 듯한 고통을 얹어주니, 꼴에 사납기가 맹수 못잖다. 청포묵 같은 물컹한 몸뚱이 어느 곳에다 그런 막돼먹은 소갈머리 심보를 감춰뒀는지, 그 깊고 어두운 골뱅이 속은 알다가도 모를 일이다.

예전에 해파리는 사람들이나 바다생물들에게 그다지 성가시지 않았다. 게다가 몇 년에 한 번씩 찾아왔고 며칠 만에 흔적도 없이 사라졌기에, 그 존재가 크게 두드러지지 않았다. 허나 지금은 독성을 가진 수만 마리의 해파리들이 장소

를 따지지 않고 온 지구촌 물가를 몽땅 점령해 버려 생태계에 큰 위협이 되고 있다. 지구 탄생 초기부터 대양을 떠다닌 고대 생물이 이토록 심각한 말썽을 피운 것은 그리 오래 전부터 있어 온 현상이 아니라고 한다.

이들의 몸은 대부분 수분으로 이루어져, 아무리 큰 무리를 형성해도 물고기 떼와는 달리 위성이나 음파탐지기에 잘 포착되지 않는다. 해서 사투를 벌여 한 마리라도 애써 낚아챌라치면, 눈치 빠른 놈은 무수한 알과 정자를 배출하여 종족보존 작전에 들어가 자신을 방어한다. 섣불리 어찌해 보려다 수백 마리가 더 생겨나는 꼴이 되니, 괜히 종의 증식만 부추기는 셈이다.

사태가 이러하니 지구촌은 때 아닌 홍역을 치르고 있으나, 그 대책은 여전히 속수무책이다. 해양 과학자들의 연구에 따르면, 이 같은 해파리 떼의 기습은 물고기의 무분별한 남획과 지구온난화로 인한 환경오염이 주된 원인으로 손꼽힌다 한다. 그러니 그놈들의 못된 행실을 두고 딱히 나무랄 만한 끈덕지가 못돼, 그저 두고 볼 수밖에 없는 노릇이라며 무지한 인간들을 탓하는 듯하다.

그토록 순하디순한 해파리가 사람들의 이기적인 야욕野慾으로 인하여 이 지경이 되었다니……. 몽둥이로 내리쳐 그 놈의 몹쓸 소가지를 뜯어 고치려던 맵짠 주먹을 이내 거둬들인다. 그리고는 쥐구멍에다 양심을 쑤셔 박고 찬찬히 생각을 가다듬는다. 불현듯 온 심장에 소름이 돋는다. 혹시 물속에서의 해파리의 반란이 땅 위에서의 청소년들의 비행행위로 전이된 것은 아닐까 하는 불길한 예감이 들어서이다.

그들도 해파리처럼 일정한 거처 없이 길거리를 배회하는 떠돌이 생활을 한다. 그들도 해파리처럼 범죄 집단을 이루며 몰려다니다가 불특정다수를 겨냥하여 '묻지 마' 범행을 저지른다. 그럼에도 위성이나 음파탐지기의 법망에 걸려들지 않아 형사책임을 면하게 되니, 어른들은 이러한 공격적인 성향의 청소년들을 매를 대면서까지 강압적으로 누르려 한다. 그럴수록 무수한 알과 정자를 배출하여 방어하는 해파리처럼, 그들의 반항심은 더 커져만 가고 가족과 학교라는 소속감마저 상실하게 된다.

사실 청소년 문제는, 해파리가 그랬듯이 지구 탄생 초기부터 존재해 왔다. 그래도 그때는 얼마나 순진했던가. 태초의 아버지 신이 벌주는 대로 군말 않고 따랐으니 말이다. 만약 아버지 신이 아닌 어머니 신이었다면, 그토록 매몰차게 두 자식을 품 안에서 내쫓았겠는가. 허구한 날 시험문제나 내고 하지 마라는 십계명이나 강요해 대는 엄한 아버지 신보다는 말없이 치마폭 안으로 감싸는 다정다감한 어머니 신이었다면, 인류의 역사가 이토록 험악하게 바뀌지 않았을는지도 모른다는 부질없는 가상도 해본다.

조선 후기 화가 김홍도의 풍속도첩 중 '서당'이란 그림이 있다. 훈장한테서 회초리 맞은 아이와 또래 학동學童들의 심리묘사가 잘 나타나 있는 작품이다. 훈장 앞에 앉은 어수룩하게 보이는 사내아이가 눈을 내리깔고 서러움에 복받치는지 눈물을 찍어대며 바지 대님을 만지작거리고 있다. 그 아이를 둘러싼 또래 몇몇이 입을 가리고는 킥킥댄다. 아이는 동무들로부터 놀림을 당하는 듯하다. 그래도 시절이 18세기인지라, 사람들의 심성이 지금보다는 고왔을 터이고 아이들의 익살스러운 짓궂음에 덩달아 웃음이 날 정도이니, 그 순진무구함이 에누리 없이 전해진다.

오늘날의 아이들은 주변과 세계를 지배하는 힘을 얻으려고 치열한 줄다리기를 하며 살아가고 있다. 어딜 가나 무한경쟁을 부추기는 시험장이다 보니, 그와 상관없는 여타의 삶은 가차 없이 버려진다. 교실마다 만점짜리가 수두룩하다. 완벽한 인조 컴퓨터인간으로 둔갑해야 살아남을 수 있는 요즘 아이들은 감정마저 남김없이 쓸려가 버렸는지 얼굴에는 표정이 없다. 해가 갈수록 학교를 떠나는 빈 의자들이 쌓여가고, 또 다른 봄이 와도 주인은 함흥차사요, 행랑이 몸채 노릇 하고 있다.

교과서를 등진 아이들이 갈 곳은 하늘과 땅 사이 어디에도 없다. 휘이휙 몰아치는 세찬 바람은 먹먹해진 이들을 희롱하듯 너풀대기만 한다. 그나마 텅 빈 거리엔 가로등 불빛이 희미하게나마 남아있어, 길 잃은 어린 풀무치들의 여인숙이 되어주곤 한다.

어둠의 그림자가 짙을수록 절망의 무게가 깊어오는지, 아이들은 땅이 흔들리도록 고래고래 고함지르며 상처에 상처를 더하지만 세상은 무관심한 듯 깊은 잠에 빠져 있다. 새하얀 어둠을 담은 검은 공허는 금세 그들의 미래를 지워버리고 오직 잿빛 현재만 남게 한다. 세상 전체가 패배와 좌절로 덮여 있다.

쭉쭉 뻗어 가지 못하고 꺾어진 채로 세상 모퉁이로 밀린 애송이 청춘들은 의연하게 하늘 아래 선 또래들이 부러웠을 게다. 한줌의 희망도 끌어올릴 수 없는 무력감에 양지바른 꿈을 찾아 비상하리라는 포부는 엄두조차 내지 못했을 게다. 그럴 때면 울분을 삭이지 못하여 뱀이 갈라진 혀끝으로 독을 뿜어내듯, 앞니 사이로 침을 퉤퉤 뱉으며 뭐라 뭐라 욕덩어리를 쏟아낸다.

법정 스님이 옛 노사老師로부터 전해 들었다는 더벅머리 학생에 관한 일화가 생각난다. 스님의 은사는 절친한 지인으로부터 편지 한 통을 전달받았다. 그의 아들이 학교에서나 집에서나 망나니짓을 해대니, 못된 버릇을 고쳐달라는 부탁의 내용이었다. 그날 노승은 아무 말 없이 저녁을 지어 더벅머리에게 건네고는, 발을 씻으라고 대야 가득 따뜻한 물을 떠다 주었다. 그것이 전부였다. 따끔한 호통도, 지루한 연설도 없었다. 그런데도 더벅머리의 눈에서는 눈물이 주르르 흘러내렸다고 한다. 훈계라면 진저리가 난 학생은 훈풍처럼 따스한 스님의

주임님! ♥
주임님 늘 다정다감 하게
대해주신 덕분에 이곳생활 열심히 하고
집으로 나가겠습니다 주임님께 감사하다고 편지
전해봅니다 주임님 올해에는 주임님께서 항상건강
하시고 모든 꿈을 이루시길 간절히 기원합니다
주임님 새해복 많이 받으십시오 감사해요
주임님!
새해복 많이 받으세요
올해는 주임님을 사랑해주고 아껴주는
남자분 만나셔서 예쁜가정 만들어가세요
눈높이를 낮추시고 별남자 없습니다
당당한 모습보여주세요
그러면 안되지만 주임님을 너무 사랑하는
사람입니다용~ 주임님~ 새해복많이 받으시구요~
새해에도 지금처럼만~ 저희랑 잘지내요.
2011년에는 주임님에게 좋은일만 생길거
예요~ 저희가 빌어드릴께요. 주임님한테
좋은일만 생기도록. 주임님~ 사랑합니다.
I. LOVE YOU ~
주임님~
새해복 많이 받으세용~^^
항상 밝고 유쾌하시는 주임님 모습 보기
좋아요.. 새해에는 행복한 일 더
가득하시어 주임님의 웃는 모습~
예쁜 모습~ 더 많이 많이
보여주세용~.
주임님 공장에 오시는 날엔! 제가 특별히
태진아의 '거짓말', 박스 '여자' 등등
주임님 좋아하시는 노래 두번씩
틀어드릴께요...ㅎ
사랑합니당 주임님

사랑과 묵묵한 자비에 크게 감동한 것이다. 어쩌면 그는 사막에서 백 마디의 교훈보다 한 모금의 물이라도 건네주는 다사로운 손길을 더 그리워했는지도 모른다. 바닷가의 조약돌을 그토록 매끄럽고 둥글게 만든 것은 무쇠로 된 딱딱한 정이 아니라 부드럽게 쓰다듬는 물결이듯이 말이다.

철망 속에 홀로 남겨둔 계집아이가 눈꺼풀 위에 얹힌다. 어른이랍시고 매서운 눈초리로 꾸짖었던 장면도 덧칠되어 쌓인다. 나도 세상 사람들과 한통속으로 장단 맞추며 덩달아 야단을 치려 몸 달아 했다. 어른이라는 우위에 서서 틀에 맞춘 규율만이 전부인 양 희떠운 소리를 해대며 목청을 높였으니, 어찌 그들의 떨떠름한 비아냥거림을 빗길 수 있었으랴. 부끄럽다. 한없이 부끄럽다.

그 아이와 자주 마음을 대하다 보니, 가랑비에 옷이 젖듯 서로에 대한 믿음이 새록새록 돋아난다. 계집아이는 라일락 향 같은 상큼한 미소를 내게 띄운다. 그 향기가 내 영혼 깊숙이 스며들어 풋풋함이 느껴진다. 아이는 비록 새장에 갇힌 노고지리 신세가 되었지만, 나는 사람냄새 물씬 풍기는 정을 뭉텅이째 던져

주어, 그래도 세상은 아름다운 곳이라는 긍정적인 생각을 갖게 하고 싶다. 잘못에 대해 꾸짖기보다는 병아리 눈물만 한 따뜻한 배려라도 베풀어, 이것이 먼 훗날 그를 올곧은 인격체로 거듭나게 만드는 정신적 지주가 되었으면 한다.

세상에 대한 분노와 경쟁에서 뒤처진 듯한 패배감을 걷어 내고, 내일을 향한 작은 햇빛이나마 살뜰히 퍼 담아 그의 마른 가슴에 왈칵 쏟아 붓고 싶다. 그리하여 꿈과 희망이 잘려버린 여린 청춘에 싱그러운 연둣빛 봄물이 아롱아롱 맺혔으면 좋겠다.

사랑하는 주임님 ♡

마음으로 배려해 주셔서 진심으로 감사드려요

첫날 꼭 잡아 주신 손길 덕분에 오랜시간 힘이

되었습니다. 이시대 최고의 교도관 이며 어려운

사람들의 엄마이고 친구인 주임님을 진심으로

축복 합니다. 모든것 끝나지 않았지만 너무

감사해서 지면으로 먼저 인사 드립니다.

항상 신나게 춤추면서 멋지게 살아가시길

기도 합니다 Rudra

정성희 주임님께

눈부시게 높푸르던 시월이가고 가을의 끝자락이 스산함을 느끼게끔 하네요!!

성근 나뭇가지 사이로 하늘도 휑하고 내마음 역시 공허함으로 가득찬 이순간 한없이 시리고 아프기만한 시간을 보내며 떠오르는 유일한 누군가가 있습니다.

지금 그누군가를 떠올리며 나의 마음의 위안처인 당신에게 몇자 적어봅니다.

짧은시간 나눈 긴여운을 남긴 대화로 인하여 한참동안 마음의 위안을 잠재우지 못한채로 한밤을 힘들었습니다.

영적인 소통!! 그것이 …

감히 우리라는 말을 …

가슴이 우리이길 원합니…

이제는 알것 같습니다

왜? 바라만 봐도 …

좋아서는

마음이 스치는 인연은 될줄은 저에…

존재할꺼라 생각도 못했습니다.

크던, 작던 인연으로 인한 상처는 더이상 받고 싶지 않아서 내 마음을 닫아둔채로 살았습니다

그것이 나를 보호하는 유일한 방법이라 여겼습니다.

철저한 벽을 두었음에도 불구하고 당신 앞에선 눈녹듯이 허물어져 버린걸 보면 사람의 인력으로는 제지할수 없는 영적인 무언가가 연결시킨듯 합니다.

이런 인연을 어찌 감히 가볍게 여기겠습니까?

잊지 않겠습니다. 가슴속 깊은곳에 담아두겠습니다.

그렇기에 기대할수 밖에 없는 약조는 지금 하지 않겠습니다.

다만 당신께서 자…

지금의 모습 그대…

힘들고 지칠때 …

있는 아름다운 …

신뢰의 가치를 알기에 관계의 소중함을 지나치지 않는 제가 늘 함께 하겠습니다.

혼이라도 당신 곁엔 제가 있을것입니다.

시간이 지난후에도 인연을 쉽게 여기지 않고, 저버리지 않고 연락드리겠습니다.

절대 아프지 마십시오.

절대 눈물 흘리지 마십시오

늘 한결같은 당신의 경륜과 자애를 가슴에 품으십시오

당신은 사랑받아 마땅한 사람입니다.

당신은 저에게 한없이 고귀한 인연 입니다.

아름다운 자존심을 지키며 여신의 본능을 발산하시는 당신을 존경하고 사랑합니다.

싸늘한 날씨. 당신을 떠올림으로 훈훈할수 있는 시간이 있습니다.

늘 건강하십시오.

2014. 11. 10

영적인 소통을 반가이 받들면서.

교도관의 노래

감방에서의 시간은
골목 모퉁이에 쌓인 눈 더미마냥
그렇게 천천히 흘러간다
그제서야 담 안 사람들은
허리를 젖히고 하늘을 쳐다본다
잔잔히 떠가는 구름의 유영을 바라보며
삶에서 멀어져 간 것들을 챙겨든다
이제 담장 안 사람들은
시베리아 벌판을 달리는
자유인이 된다
닫힌 마음에서
시원스레 회오리바람이 인다
코딱지만 한 감방이
큰 우주로 와 닿는다
그들의 얼굴이 꽃망울 벙글듯 환해진다
그동안 궂은 인생으로
볕을 보지 못한 마음에
해줄기가 기웃대며 모여든다
탱탱하게 잘 여문 햇살이
어두운 밤을 밀치고
바스락대며 내려앉는다

또 하나의 인생이
탯줄을 자르는 소리가 들려온다
나는,
비탈진 응달에 둥지를 튼 그들 인생에
시원한 물꼬를 터주는
대한민국의 자랑스러운 교도관이다.

"굽은 나무 펴기보다
더욱 힘 드는 일,
굽은 사람 바로잡기 우리가 맡았네.
죄 있다 버리지 않고
이끌어가며 때 묻은 손길 씻어 주자"

교도관의 노래를
힘차게 되새김질하며 큰문을 연다.
빗장으로 덧대어진 문이
열리는 소리가 천지개벽인 양 우렁차다.

사람

‘어매, 이게 누구시랑께?’

큰문으로 들어선 그는 어딘지 모르게 예사롭지 않은 주의를 끈다. 난초 잎 같은 가는 눈썹에 야릇한 눈매로 보아, 미인에 속한다. 그 풍채에 걸맞지 않은 꾀죄죄한 행색과 거친 말투는 보통을 초월한 신비로움마저 불러일으킨다.

지정된 거실에 들어선 그는, 한동안 말없이 허공을 응시하더니 밭은 소리로 마른 목을 푼다. 지난날들이 바람 되어 휙 스쳐간다. 사연들이 가슴에 채이다가 돌부리처럼 솟아오른다. 가닥마다 빗장을 풀고 굴렁쇠마냥 우르르 굴러 떨어진다. 한 점 두 점……, 금세 눈덩이 되어 데굴데굴 불어난다. 지독한 공허감이 가슴 밑바닥을 스치고 지나간다. 주위를 둘러본다. 아무도 없다. 빈 시간들을 홀로 메워야 한다. 시간이 뒷걸음치면 칠수록 꾸리에 돌라 띤 상념의 알갱이들이 푸르게 되살아나 마디마디 아릿한 슬픔으로 저며 든다.

창살 밖에는 굴레를 벗은 바람이 둥둥 떠다니다가, 뜰 앞 나뭇가지에 걸려

버둥댄다. 휘청, 꿈을 줄다리기하다 현실에 걸려 넘어진다. 바람의 골마다 허기진 인생이 가쁜 숨을 몰아쉬며 가파른 고개에서 자꾸 미끄럼질해댄다. 소낙비 내린 뒤에 거센 물살이 들이치듯, 갑작스런 불행은 그의 삶을 송두리째 뒤엎어 버렸으리라. 갈 곳 잃고 거리를 헤매는 시간들이 넘쳐난다.

창밖을 내다본다. 하늘을 물들인 잿빛이 이내 대지 위로 뚝뚝 떨어진다. 어둠은 창살 밖 풍경마저 남김없이 지워버린다. 어둠의 그림자가 짙을수록 절망의 무게가 깊어 오는지, 요동치는 마음은 감방 안을 휘젓고는 밖으로 쏟아져 나온다. 비명 섞인 울음은 고요한 밤의 적요를 비집고 비수처럼 날카롭게 흩어진다. 그것은 마치 술 취한 사내가 삭지 않은 욕지거리들을 토해내는 몸부림과도 같다. 한 줄기씩 검은 공허가 쏟아질 때마다, 시간은 젖은 채로 뒤춤하며 그의 미래를 지워버리고 어둑한 현재만 남게 한다.

희쌤

건강한
모습을 보니깐
너무 반갑고
그렇네요.
쌤은 변한것이
없는데
어찌 나는 이렇게
많이 변해 있을
까요 나도 내자신
이가 무서울 정도로
많이 변해 있는거
있죠.
나는 변하기 싫은
데 세상이 나를
변화 시키고
가네요.
뿌린 대로 거두는
거죠 뭐 맞죠.
나도 그만큼
배려하고 살았으면 좋았고 맞죠. 그런데 쌤은 왜 안늙는거

2011. 6. 15일
from

정 성희 주임님께

주임님! 주임님께 편지를 쓸까말까 한참을 고민했습니다. 글쓰시는 주임님께
글로 전한다는 것이 자신이 없네요. 담겨진 글자의 그릇 모양새는 깨지고 찌그러져
볼품 없어도 그 속에 담긴 마음을 읽어 주실것이라 믿고 용기 내어 씁니다.
소탈하고 꾸밈없으신 우리 주임님, 털털함 속에 레이스 같은 감수성이 인상 깊었습니다.
주임님. '업'이라고 하셨죠. '업'이라 생각하라 하셨죠.
'업' 한 동안 이 한자를 풀어보려 수많은 밤 생각으로, 명상으로 보냈었습니다.
또한 공부도 해보았습니다. 어떤 씨앗이 있어 이런 열매가 되었는지 생각했습니다.
나를 용서할 수 없어 또 생각하고 또 생각했습니다.
내가 나를 죽이고 싶도록 밉고 증오스러워 또 생각하고 생각했습니다.
그리고 조금씩 조금씩 깨달아지고 이해되려 합니다.
그러나 결코 제가 저를 용서할 수는 없을 것 같습니다.
그렇기에 앞으로 더 공부하고 이해하려 노력해가야할 것 같습니다.
아직은 한 글자조차 풀어내지 못하지만 언젠가 받아들이겠지요.
'업'은 수용의 마음. 인생의 열매를. 삶의 파도를 받아들이는 낮고도 낮은
마음이여야 풀 수 있는, 이해할 수 있는 것인 것 같습니다.
훗날 주임님께 명쾌히 답할 수 있는 날이 올 것이라 믿습니다.
당당하고 멋진 주임님. 그리고 오죽씨께 개들. 자랑하시는 언니. 조카 모두
봄날 햇살 같은 따뜻함이 새해엔 항상 함께 하길 기원드리겠습니다.
감사합니다.

2011. 12

사랑하는 주임님 보세요 　　　　하나~.

이렇게 편지 쓸수 있는 날을 기다렸다면 믿으시겠어요.
주임님 벌써부터 그립습니다.
저는 12일날 짐을 바리바리 싸서 청주로 왔어요.
그날은 이쪽 갔다가 저쪽 갔다 정신이 없었어요.
오늘이 이곳에 온지 4일째인데 자꾸 낯설기만 하네요.
시간이 걸리겠지만 적응할꺼라 생각하니 제 걱정은 마세요.
사랑하는 사만의 주임님 ―.

저는 요 … 주임님만 생각하면요 눈물부터 나요.
재판때 마음적으로 힘들어 하고 있을때 주임님께서
위로해주며 다독여 주어서 많은 힘이
재판 값이 갔을때
되었거든요. 버티고 견디지 않으면 살아갈수 없는
곳이 이곳이기에 주임님 덕분에 더 마니 힘내고
견디고 일어설수 있었어요.
너무나 많이 부족한 저를 사랑으로 감싸주셔서
진심으로 감사드립니다.
잊지 않을께요. 정·성·희 주임님 ―.
대구에 있을땐 느끼지 못했던 일들이 이곳에 오니까
현실이 보이기 시작해요.

　　　　두울~.

년이라는 시간동안 이곳에 있어야 한다 생각하니
서글프고 슬퍼서 그날밤 이불 뒤집어쓰고 참 마니도
울었답니다.
잘한것두 없는 제가 오늘따라 더 미워집니다. ㅠㅠ
5년 이상은 인성교육 시간이 300시간이라 교육이 끝나야
공장이든 어디든 출역할수 있다고 해요.
저는 교육 일정이 내년 2월달로 잡혀 있어서
3개월동안 인성교육 받고 S교육 받아야 움직일수
있다하니 그때까지는 미지정 방에 있어야해요.
지금 청주에는 사람들이 무지 많아서 미지정 방에는
열명씩 있어요. 무지 복잡해요. ㅠㅠ
대구에 있을때 생활이 익숙해져서 아직 적응이 하나두
안되고 있어요. 적응하려면 무지 오래걸릴듯해요.
제 사건이 워낙에 커서인지 사람들이 저를 대할때
선입견을 가지고 대한다는걸 마니 느끼고 있어요.
몇번 받았는지 물어볼때 말하기 싫어서 말을 하지
않았더니 저보다 먼저 대구에서 온 언니가 제 이야기를
다해 버려 저에 대해 모르는 사람이 없어요.
그래서인지 사람들이 저를 자꾸 멀리 하길래 그냥
조용히 잘지내고 있어요.

보내는 사람
충북 서청주우체국 사서함 145-
28426

받는 사람 정성희 (주임님)
대구시 달서구 달서우체국
사서함 7
42731

퉁퉁 부은 하늘에서 횟대비가 쏟아진다. 빗소리는 식성 좋게 세상 소리를 다 먹어치운다. 덧뵈기 장단에 너울대던 빗소리가 퍼렇게 망울진 사연들을 담장 밖으로 실어 나른다. 담장 안에 미로 같은 골목길이 유독 많은 연유를 이제야 알 것 같다. 좁다란 복도에 들어서서 뒤를 돌아보면, 방금 지나온 풍경은 가뭇없고 본 데 없는 회벽만 턱하니 버티고 서있다. 아마도 쓰라린 과거는 주저 없이 망각의 강물에 내던지고 까맣게 잊어버리는 게 낫다고 넌지시 일러주는 듯하다.

태초에 신은 며칠에 걸쳐 천지 창조를 이루셨다. 하늘과 땅을 열고, 육지와 바다를 두어 동식물이 살아갈 수 있는 터전을 마련하였다. 그리고는 인간을 맨 나중에 창조하였다. 신조차 고심하여 인간을 빚는 데 그만큼 공을 들였던 게다. 신은 사자에겐 날카로운 발톱을, 새에겐 창공을 자유자재로 비행할 날개를, 바다생물들에겐 물속을 마음대로 유영할 부레를 주었다. 인간에겐 선의지善意志를 심어 온갖 모순과 갈등으로 뒤범벅된 어두운 촌락에서 이들을 이끌라는 공존공

생의 소명의식을 부여하였다.

그럼에도 최초의 인간인 아담과 하와는 말썽을 부리고 신의 뜻을 거역했다. 신조차 제 자식을 맘대로 이끌지 못했던 것이다. 하물며 사람이 사람을 다룬다는 것은 얼마나 힘든 일이겠는가. 비뚤어진 이상인격자를 진정한 사람으로 거듭나게 하는 일이야말로 이 세상에서 가장 보람된 업적이라 해도 무방하리라.

담 안에는 다양한 인간 군상들이 모여 산다. 그러다 보니 진짜와 가짜가 뒤엉켜 승과 속을 넘나드는 속세의 진풍경이 펼쳐지기도 한다. 그곳 사람들이 크고 작은 고장을 낼 때마다, 교도관의 손을 거쳐 해묵은 응어리는 녹여지고 엉킨 실타래는 올올이 풀어내어 토닥토닥 고쳐진다. 갇힌 자들의 상처를 땜질하는 교도관, 그는 낮은 목청으로도 그들을 취하게 하는 주술적인 마력을 지닌 듯하다.

사회로부터 이탈된 자들의 상한 마음을 읽고 치료해주는 그는, 어쩌면 신의 손을 대신한 인간연금술사일지도 모른다. 바닷물 속의 소금이 오염된 바다를 정화시키듯, 교도관의 노고가 연금술이 되어 탁한 세상을 거듭나게 하는 것이리라.

담장을 넘어 세상을 감동시킨 '그린 마일' 이란 영화가 떠오른다. 그린 마일은 '사형수들이 전기의자를 향해 걸어가는 마지막 길' 이란 뜻을 지닌 속어이다. 어느 날 콜드 마운틴 교도소로 먼지를 일으키며 죄수 수송차 한 대가 들어선다. 쌍둥이 아이를 살해한 흉악범 사형수가 이송되어 온다. 주인공 폴은 사형수 감방의 교도관으로 일하고 있다. 그는 사형수들을 보호 감독하고 '그린 마일' 이란 녹색 복도를 거쳐 사형 집행장까지 안내하는 일을 담당한다. 폴은 사형수 존과 생활하다 보니, 그가 누명을 쓰고 있다는 사실을 차츰 알게 된다. 그를 전기의자로 데려가야 할 날이 다가올수록 진실을 밝혀줄 길이 꽉 막힌 무능한 현실을 두고 괴로워한다. 이 영화를 통해서도 담 안 사람들을 향한 교도관의 고뇌와 애정이 에누리 없이 읽혀진다.

기도보다 더 숭고한 테레사 수녀의 고뇌도 이러했으리라. "나에게는 침묵과 공허함이 너무나 커서 신을 보려 해도 보이지 않고, 들으려 해도 들리지 않는다. 기도하려 해도 혀가 움직이지 않아 말을 할 수가 없다." 수십 년 동안 신의 존재에 대해 의문을 품고 고통스러워했던 흔적이 가슴을 울린다. 절대 권능의 신보다 인간으로서 더 큰 사랑을 베푼 그의 고뇌에 찬 기도는 두고두고 세상살이의 지침으로 삼을 만한 여운을 남긴다. 그의 인간적이고 순수한 마음을 꼬옥 안아주고 싶다. 그러한 그의 고뇌가 있었기에, 혼란과 살육으로 뒤범벅된 인간 세상이 한 뼘 정도 용서받을 수 있었는지도 모른다.

얼마 전 사형수 이 씨의 '일상' 이란 서양화 작품이 교정문예에 대상으로 선정되었다. 수상작 '일상' 은 둥근 알을 연필 한 자루로 표현한 작품이다. 매일 반복되는 지루한 일상에서 벗어나 언젠가 평범한 일상으로 되돌아가기를 바라는 그의 심정을, 부화를 기다리는 계란의 모습 속에 담아내었다. 살인죄로 사형 확정된 그는, 과거를 참회하는 마음으로 꾸밈없는 순수한 소재인 계란을 그리면서 자신의 영혼을 닦고 또 닦았을 것이다. 그것은 명암만 주어 연필로 표현해 내는 지루한 과정이기에, 그에겐 더할 나위 없는 인욕바라밀 정진을 위한 수행이었으리라. 그동안 어려운 수형생활을 하면서도 틈틈이 영치금을 아껴서 모은 돈으로 불우이웃돕기에 기부하는가 하면, 사회를 위해 선한 일을 하려는 그의 의지가 돋보여 담장 너머 세상 사람들의 가슴마저 흠뻑 적시게 했다.

사람이란 존재가 시리도록 아름다울 때면, 눈물이 난다. 갇힌 자들의 고통과 외로움을 그들과 함께 나누며 샘물처럼 무한한 사랑을 베푸는 교도관, 그는 진정 꽃보다 아름답다. 온갖 꾸밈과 위선을 훌훌 떨쳐버리고 온몸에 진솔한 말을 실어 그들에게 손을 내미는 교도관, 그는 정녕 태양보다 따뜻하다.

담 안 사람들과 자주 마음을 대하다 보니, 가랑비에 옷이 젖듯 서로에 대한 믿음이 새록새록 돋아난다. 후미진 뒷골목에서 담배연기를 뻐끔뻐끔 내뿜던 자신을 쳐다본다는 이유로 길 가던 교복치마를 후려 때린 깻잎머리 소녀는 라일락 향 같은 상큼한 미소를 내게 띄운다. 두둑한 남의 호주머니가 제 것인 양 손을 잘못 놀린 젊은 아낙은 밤느정이 꽃 같은 멋쩍은 미소를 내게 건넨다. 능숙한 언변으로 남의 재물을 홀린 중년여인은 미모사 이파리 같은 혀를 감추고는 야무지게 입술을 닫아버린다. 그들 모두 새장에 갇힌 노고지리 신세가 되었지만, 나는 사람 냄새 물씬 풍기는 정을 뭉텅이째 던져주고 싶다.

한때는 풍성했을 삶이 굽이굽이 돌아 예까지 왔으리라. 감옥은 상처 입고 더는 갈 곳 없는 사람들이 퍼렇게 멍든 가슴을 위로받고 마음의 갈증을 풀어가는 인생의 간이역이 아닐까. 한평생 세상을 캐다 지친 영혼들이 잿빛 슬픔을 헤치고 세상 소리 잦아든 이곳에다 고단한 닻을 내리는 그런 간이역이 아닐까. 거센 폭풍우가 휘몰아치는 기나긴 여정에서 어깨에 짊어진 삶의 등짐을 벗어놓고

잠시 깊은 안식을 구하리라.

창살 위에 세월도 봇짐을 부려놓고 다리쉼을 하고 있다. 세상이 하루가 다르게 급변해도 담 안의 세월은 서두를 게 없다는 듯 며칠씩 쉬어가기도 한다. 감방에서의 시간은 골목 모퉁이에 쌓인 눈 더미마냥 그렇게 천천히 흘러간다. 그제서야 담 안 사람들은 허리를 젖히고 하늘을 쳐다본다. 잔잔히 떠가는 구름의 유영을 바라보며 삶에서 멀어져 간 것들을 챙겨든다.

차단의 고통을 삶의 본질을 향한 성찰로 풀어나간 그곳 사람들은 창살 틈의 사각형 하늘을 올려다보지만 둥근 하늘을 마음에 담을 줄 안다. 독항아리에서 맑고 청아한 울림이 나오듯, 밀폐된 공간에서 수없이 되돌아보는 자기 성찰은 잘 빚은 술처럼 깊은 향기가 배어난다. 이제 담장 안 사람들은 시베리아 벌판을 달리는 자유인이 된다. 닫힌 마음에서 시원스레 회오리바람이 인다. 코딱지만 한 감방이 큰 우주로 와 닿는다. 그들의 얼굴이 꽃망울 벙글듯 환해진다.

낙엽 진 쇠락한 세월들을 갈고랑쇠로 긁어모아 퇴비로 삭혀둔다. 먼 훗날 아픔을 견디는 내성을 길러 주고 삶을 헤쳐 나가는 밑거름이 되리라. 뿌리가 어둠 속에서 푸름을 잉태하듯, 달빛을 이고 암흑의 결을 더듬어 속이 꽉 찬 희망 한 자락을 피워낸다. 거친 세파에 어렵사리 씨방 열어 희망 한 조각을 건져 올린다. 긴 공백 끝에 자신을 옥죄던 현실에서 벗어나 새로운 생명으로 거듭난다. 신은 마침내 그들의 숨통을 열어 또 한 차례의 천지창조를 일으키신다.

어둠이 창살 사이로 빠져나간다. 밤이 한 발짝 물러서자 둥그런 해가 네모난 창틈 사이로 비집고 들어온다. 기나긴 어둠을 헤치고 새벽이 샛길로 걸어오고 있다. 세상이 깨어나고 있다. 그동안 궂은 인생으로 볕을 보지 못한 마음에 해

줄기가 기웃대며 모여든다. 탱탱하게 잘 여문 햇살이 어두운 밤을 밀치고 바스락대며 내려앉는다. 또 하나의 인생이 탯줄을 자르는 소리가 들려온다.

나는, 비탈진 응달에 둥지를 튼 그들 인생에 시원한 물꼬를 터주는 대한민국의 자랑스러운 교도관이다. '굽은 나무 펴기보다 더욱 힘 드는 일, 굽은 사람 바로잡기 우리가 맡았네. 죄 있다 버리지 않고 이끌어가며 때 묻은 손길 씻어주자' 교도관의 노래를 힘차게 되새김질하며 큰문을 연다. 빗장으로 덧대어진 문이 열리는 소리가 천지개벽인 양 우렁차다.

청학동 주임님께

하핫, 한번쯤 편지를 드리구싶었는데
이제야 드리네요..
제가 구속되고 처음 마주했던 분이 주임님
이셨죠 그날도 어느덧 일년이라는 시간이
흘렀습니다.
그 날엔 이런시간이 오게될줄 상상도
못한채 그저 그 상황에서 벗어나기위해
어리석은 행동만 했었는데..
지금에서야 돌이켜보니 너무 한심하고,
어리석었습니다
이제 집으로 돌아갈 날이 다가옵니다.
처음 그때처럼 조바심도 나고
걱정이 되는 거 있죠?
그래서 생각보다 많이 힘들었습니다.

그저 좋을 줄만 알았는데..
이곳은 저만 있는곳이 아니기에
힘든내색도 제대로 못하고
마음껏 울지도 못한 채 지냈는데,
주임님께서 굳이 말하지 않아도
제 마음을 읽어주시는 것 같아서
왠지 위로가 되더라구요
말은 아니라고 괜찮다고 했지만
울컥했습니다.
주임님과 길고 긴 대화는 해보지 않았지만
그냥 눈빛으로 사소한 말과 행동 하나만
보아도 절 생각해주신다는 것
많이 느꼈습니다.
그래서 저도 늘 주임님께 정이 갔고,
보기만해도 편하고 좋았습니다.

제가 이 전사동에서 이 교도소 전체에서
주임님을 제일 좋아하는 거 모르시죠? ㅎㅎ
진짜에요 ㅎㅎ
토요일엔 참다가 참다가 딱 한마디했는데,
너무 소란스럽게 하여 주임님께
진심으로 죄송합니다..
나가는 날까지 조용히 지내다 갈께요..
그리구 주임님,
이곳에서 주임님을 마주하는 일 다신
없을거에요.
다신 오기싫어요 제 스스로에게도 너무
미안하고, 한심했던 행동이었습니다.
주임님께서 절 믿어주시니까 그 믿음에
꼭 보답하겠습니다.
이제 성인인 만큼 홀로서기할거에요!

씩씩하게 밝게, 당당하게
보란듯이 열심히 살아보려구요..
아무도 미워하지않고 진짜 행복하게 ㅎㅎ
일년이란 시간이 짧은 시간은 아니지만
잠깐의 휴식이었다 생각하고
다시 시작할게요.
그동안 진심으로 저 예뻐해주시고,
늘 응원해주시고 걱정해주셔서
감사합니다 또, 너무나도 부족한 절
챙겨주신 것 잊지않겠습니다.
주임님께서도 건강하게 오래오래 좋은 주임님,
계장님까지 ~ 하셨으면 좋겠습니다.
사회로 돌아가서도 많이 보고싶고,
그리울거에요..
주임님 죄송하고, 감사했습니다 사랑합니다
남은시간두 사고안치고, 잘지내다 가겠습니다.. ㅎㅎ

-5월 29일.

인생학교

교도소 안에는
스승 아닌 것이 없었다
갇힌 사람들의 제반 문제들은
하루하루 연습과제물이 되었고
그들의 인생은 곧 교과서가 되었다
책장을 넘기면 문 밖에도 문 안에도
어디에도 삶은 있었다
곱고 순정한 것뿐만 아니라
추하고 혼탁한 것들도 아울러 응축하여
무색과 무언으로 내 안에서 거듭나게 하는
숭고한 고행의 현장이었다
소홀했던 것으로부터
또 자신으로 인해 조금이나마 상처받았던
모든 것들로부터 새로운 푸른 거듭남으로
부활시키려는 신의 죄 사함이었으리라
한 생각 돌이키니
그곳은 감옥이 아니라
사람을, 자연을, 인생을, 우주를
바라볼 수 있는, 그런 폭넓은
가슴을 담게 해주는 국립선원이었다

용서와 사랑을 몸소 실천하게 될 즈음이면
그 인생학교로부터
졸업장이 수여되지 않을까 싶다
하나
그 증서를 받기 위해서는
평생의 마음수련이 필요할 것 같기에
오늘도
여전히 나는 그 학교로 등교한다

인생학교

그 학교에는 유독 통과해야 할 문들이 많다. 나는 그곳을 지키는 파수병이다. 사람들은 두터운 성벽이 둘러싸인 그곳을 큰집이라고도 부른다. 그 주벽은 견고한 '배타' 라는 벽돌담으로 높이 울타리 쳐져 있어 밖에서는 아무것도 보이지 않는다. 하늘도 무너져 있고 땅도 간데없다. 짙은 안개속의 마법에 걸린 듯 모든 사물들이 실종되어 있다. 마치 사차원의 블랙홀 세계로 말려가는 착각 속에 시간이 기화되고 공간마저 증발한다. 세상이 한순간 그렇게 정지된 채 정박해 있다.

'철커덕' 하며 철문 닫히는 소리가 들린다. 순간 주위에 있는 사람들을 둘러본다. 모든 상품에 찍힌 바코드처럼 그들 존재를 저울질하는 고유번호가 각각의 가슴팍 위에 붙여져 있다. 모두들 초조하고 불안한 표정들이다. 사무실 천장 위에 매달린 백청색 형광등 불빛들의 산만한 움직임마저 숨 막힐 듯한 긴장감을 불러일으킨다. 극심한 단절감이 가슴 밑바닥을 스치며 지나간다. 그들을 향

한 나의 눈빛은 단호한 선입감과 딱딱한 편견으로 굳어있다. 애써 감추려 해도 무채색의 공간속에 무채색의 고독과 무채색의 절망을 끌어안고 입소한 그들의 예민한 눈이 어찌 그것을 모르겠는가.

철문을 통과한 어둠의 혼령은 신분 대조를 마친 그들을 앞세워 빗장이 걸린 감방 쪽으로 성큼성큼 걸어가고 있다. 주변은 철시한 상가처럼 쓸쓸하다. 그 속을 서러운 고요만이 종종걸음으로 그들 뒤를 따라 들어와 이 척박한 뒷방으로 유배시킨다. 시간이 뒷걸음질 치면 칠수록 꾸리에 감긴 명주실마냥 사연 사연들은 되살아난다. 잊어버리고자 애쓰던 일들, 떠올리면 마음만 아픈 일들이 갑작스럽게 발작을 일으키면서 그들을 옥죈다. 배가 지나가면 물결이 일고 바람이 지나가면 나뭇잎이 흔들리듯, 그들은 자신이 남긴 잘못된 흔적으로 가슴을 적신다. 거실 구석구석마다 설치된 감시 장치는 그들의 일거수일투족에 초점을 맞추지만, 그 어느 것도 그들 내면에 쌓인 번뇌는 투시하지 못한다.

나는 사동문을 잠그는 열쇠로 그들의 인생을 단단히 옭아맨다. 지정된 거실에 들어선 그들은 불가항력적인 운명의 사슬에 돌돌 말려 더욱더 몸부림친다. 밤낮으로 걸려오는 빚 독촉 고소장은 날을 바짝 세운 채 그들을 이 좁은 방으로 몰아붙였을 것이다. 그 허탈감은 정수리에 돋아나는 새치보다 더 빠른 걸음으로 그들 속을 휘젓는다. 이젠 그들은 줄에 묶인 염소처럼 말뚝 바깥의 세상으로 나갈 수가 없다. 무력감은 장마철 먹구름이 되어 그들 영혼을 점령하고 희망은 이미 거세되어 요절 당한다. 문을 열면 눈부신 하늘이 갇혀진 창들의 횡포에 손바닥 크기만도 못하게 남아 있다. 삭막한 대지를 훑고 몰아치는 메마른 바람만이 육중한 철문에 부딪히면서 날카로운 '쉿' 소리를 연신 뿜어댄다.

밤이 깊어지면 해묵은 시간들이 슬며시 기어 나와 갇힌 자들의 좌절과 고통의 시간들을 응축시킨다. 순리를 베어버린 한순간의 실수로 뒤틀린 자신의 인생을 원망하며 이 밤 잠 못 드는 걸까. 하나 값지게 보낸 하루는 잘못을 저지른 십 년보다 나은 것이라며 창살 밖으로 스쳐가는 어둠이 전해준다. 또한 신은 한쪽 문을 열어놓지 않고는 절대로 다른 쪽문을 닫지 않으신다고. 그들의 닫힌 입술에서 '꿈' 이라는 희망이 삐져나온다. 비록 그것이 신기루처럼 허망할지라도 그러한 욕망 때문에 그들은 삶을 지켜 가는지도 모른다. 현실 속에서 꿈을 간직하고, 꿈을 그리면서 현실을 덤으로 살아가는지도 모른다.

멀리서 '꼬끼오' 하는 닭울음소리가 들린다. 하늘을 흔들어 여명을 부르는 그 소리에 사람들은 아득했던 의식의 세계에서 기도와 명상으로 신이 준 아침을 연다. 영 풀릴 것 같지 않던 운명의 고리가 벗겨지듯 조여든 햇빛이 감방 안

정성희씨, 평사리문학대상 수필 부문 대상

정성희(43·대구 송현동·사진)씨가 소설 '토지'의 무대인 경남 하동 평사리 최참판댁에서 11일 열린 제8회 토지문학제 평사리문학대상 수필 부문에서 대상(상금 500만 원)을 수상했다.

수필가 곽흥렬씨는 "정씨의 수상작 '인생학교'는 탄탄한 문장력을 바탕으로 교도소라는 특수한 사회적 공간을 자신만의 특유한 시각으로 해석하여 의미화시킨 수작"이라고 평가했다.

조두진기자

정 주임님 감사합니다.
여기에서의 힘든시간 잠시나마
주임님의 따뜻한 말 한마디에
고마움을 느꼈고 힘든순간을 인내하
는 방법을 알았습니다~.
짧은글속에 다말할수는 없지만…
늘 건강하시고. 행복의 미소가 머물길…

행복을 담는 그릇.

가진것이 부족해도 행복한 사람이 있습니다.
김치 한 조각으로 밥을 맛있게 먹고
누더기 옷 한 벌인데도 입으면 빛이나고
낡은 시집 한권을 가졌을 뿐이지만
위대한 영혼을 가진 사람이 있습니다.
행복은 어디서 오는 걸까요.
멀리 있지 않습니다. 바로 마음에서 생겨납니다.
행복을 좇는 자는 결코 행복을 잡을수 없으며
생활에 충실하고 성실한 자만이 행복을 누릴수 있습니다.
가진것 없이 행복해지는 방법, 그건 참 간단합니다.
행복을 찾기위해 소매를 걷지 말고
무엇보다도 먼저 마음속 허욕을 버린다면
그만큼 행복을 담을수 있는 그릇은 커집니다.

2009. 2. 11일 [illegible] "784"

의 어둠을 걷는다. 창살 밖 사각형의 먼 하늘에는 불그레한 조각해가 구름을 딛고 불쑥 솟아오른다. 빗장으로 덧대어진 문이 열리는 소리가 새벽의 정적을 깨운다.

싸늘한 공기를 코끝으로 맡으면서 커다란 싸리비로 너부러신 앞마당의 오물들을 쓴다. 욕망의 시샘을, 금전에 대한 쟁취를 싸악싸악 쓸어버린다. 마음속에 비좁게 자리한 묵은 회한들도 말끔히 털어낸다. 겨울 동안 빛을 잃고 향기를 잃고 그 모습마저도 잃어버린 꽃들이 다시 만개하듯, 그들은 억압된 공간에서 차단의 고통을 성숙한 거듭남으로 두터운 철문을 박차고 다시금 비상하고 싶어 한다.

그곳 벽 안에 사는 사람들은 아주 잘난 사람들과 아주 못난 사람들, 이렇게 두 부류로 나눠진다. 수많은 애환을 세월의 더께 속에 묻어두고 그저 평범하게 사는 것이 그들의 소망이기도 하다. 소나 양과 같은 초식동물이 반추라는 과정을 통해 소화를 완성시키듯, 그들은 겨울과 같은 내면의 침묵을 통해 인생을 다시 한 번 이모작하고 싶어 한다. 잘못 끼워진 첫 단추 때문에 웃옷 전체를 일그러지게 만들 수는 없지 않은가.

그들은 담장 안에서의 공동생활을 통해 세파에 지쳐 생채기가 난 마음의 상처를 서로의 진물로 보듬어주면서 작은 사랑의 정을 나눈다. 비록 남아있는 돈은 얼마 되지 않지만, 아직도 이를 악물고 참아낼 수 있는 몇 개의 희망에다 하루 하루치 남은 자투리행복을 더하면 벽 밖에 사는 사람들보다 못할 바가 없다. 이러한 깨달음은 수많은 모퉁이를 돌아 모든 뒤척임을 잠재운 뒤에 얻게 되는 숭고한 해탈이다. 그리하여 창틈으로 새어나오는 자디잔 햇살과 구김살 없는

사랑하는 우리 주임님
저는 　　 입니다.
주임님 저는 주임님 옆에
있고싶으요. 주임님 　　
여기가 좋아요.
여기 있게 해 주세요.
주임님 항상 사랑합니다.

2018. 5. 14

2007. 11. 9일
From An Inmate

Dear. 사랑하는 정성희 주임님께

항상 고맙습니다.

힘내세요 주임님...

2018년 4월 10일...
1 F 5 거실

자유로운 공기를 마시면서 세상을 향한 그들 안을 만들어간다. 나는 그들의 부식되지 않은 삶의 의지가 이 벽 안에 고스란히 남아 있음을 본다.

우주는 자연만물이 조화를 이룬 신의 창조물이라고 한다. 그러면 감옥은, 그 질서에서 벗어난 지상의 인간들에 대한 조물주의 이변적인 통치기관일까. 신으로부터 최종심판을 받은 영혼들을 가두는 창살이 하늘 문에도 있단 말인가. 왜 창조주는 그들을 시험하려고 감금의 시련을 제물로 바치게 한 것일까. 만 가지 의문들이 가슴속에서 춤을 춘다.

모든 살아있는 생명체에는 고유한 신의 지문이 있다. 신은 왜 시험이라는 것을 통해 선악을 판단하여 그들에게 전과자라는 지문을 기록하려 했을까. 아담과 이브에게 무화과 열매를 따먹지 말라고 경고하면서 그들을 시험했던 하나님의 처세는 위험한 나무에 올라가게 해놓고 그것을 흔드는 격이 아닐까. 우리네 인생살이에 함정이라는 선악과나무를 도처에 심어놓은 하나님의 의도는 무엇이란 말인가. 연습이 없는 일회분의 삶만을 허락한 신은 감금이라는 응보를 통해 그들을 환생시키려 했던 것일까. 하나, 순리인 줄 알면서도 거역할 수밖에 없는 인생이 있다는 것을 신은 그저 간과했단 말인가. 사람의 한살이에 예상치 못한 순간이 얼마든지 일어날 수 있고 또 그것으로 인하여 삶이 크게 변할 수 있다는 것을 신은 그저 묵시한 것일까.

어느새 나는 사물을 보는 시각이 많이 달라져 있는 자신을 간파한다. 사막에서는 한마디의 명언보다 한 방울의 물을 나눠 마시는 것이 더 소중하듯이, 감방에서는 매서운 눈초리보다 젖은 가슴으로 그들을 보듬어주는 것이 더 중요하다는 것을 알게 되었다. 선인장 가시와 같은 경계의 촉수를 곧추세우며 그들을

감시하고 있는 경직된 자신이 문득 부끄러워진다. 얼마나 많은 걸림돌들을 건너야 선긋기와 같은 뿌리 깊은 경계의식을 넘어서 그들의 머리 위에 얹힌 먼지 한 점까지도 사랑할 수 있을까. 모든 것을 잃고서도 그런 현실을 눈물겹게 사랑하며 촉촉한 웃음을 나눠 가진 그들은 내 깨달음의 등불이요 인생의 진정한 스승이다.

정규적인 학교는 내게 너무 작은 것들을 가르쳤다. 수많은 공식들과 법칙들로 입력된 그곳에서 나는 학문을 통한 경쟁의 원칙과 무리를 통한 갈등의 원리를 배웠었다. 체계적인 책상이론은 마음보다는 머리를 중시하는 가장 협소한 지식의 감옥이었음을 많은 세월이 지난 후에야 깨우치게 되었다. 아름다운 세상은 머리로 만들어지는 것이 아니라 마음으로써 이루어지는 것이고, 내 인생의 진정한 학교는 바로 그 큰집이었다.

교도소 안에는 스승 아닌 것이 없었다. 갇힌 사람들의 제반문제들은 하루하루 연습과제물이 되었고, 그들의 인생은 곧 교과서가 되었다. 책장을 넘기면 문 밖에도 문 안에도 어디에도 삶은 있었다. 곱고 순정한 것뿐만 아니라 추하고 혼

탁한 것들도 아울러 응축하여 무색과 무언으로 내 안에서 거듭나게 하는 숭고한 고행의 현장이었다. 소홀했던 것으로부터, 또 자신으로 인해 조금이나마 상처받았던 모든 것들로부터 새로운 푸른 거듭남으로 부활시키려는 신의 죄 사함이었으리라.

한 생각 돌이키니 그곳은 감옥이 아니라 사람을, 자연을, 인생을, 우주를 바라볼 수 있는, 그런 폭넓은 가슴을 담게 해주는 국립선원이었다. 용서와 사랑을 몸소 실천하게 될 즈음이면, 그 인생학교로부터 졸업장이 수여되지 않을까 싶다. 하나 그 증서를 받기 위해서는 평생의 마음수련이 필요할 것 같기에 오늘도 여전히 나는 그 학교로 등교한다.

그 겨울의 감방일지

그날도 그랬다
또 난리가 난 거다
한 차례 굿거리를 치를 적마다
뒤치다꺼리로 환장할 노릇이다
하루 이틀도 아니고
허구한 날 저리도 한을 품고 있으니
신인들 말릴 재간이 있겠는가
바람은 또 어쩌자고
저리도 앙칼지게 불어대는지……
휘이훠 몰아치는 그 소리는
새하얀 어둠을 끌어안고
먹먹해진 나를 희롱하듯 너풀댄다
육중한 철 대문으로 굳게 닫힌
그의 감방의 칸살을 통해
내부를 찬찬히 들여다본다
물에 젖은 생쥐는
한줌의 그리움을 안고 멀어진 날의 꿈인 듯
아득한 슬픔인 듯
이 막막한 감방 한 켠에서
쪼그려 앉아 울고 있다

그의 눈동자에 어린
무채색의 우울과 극심한 단절감이
나와는 아무 관계없는 독립변수로
멀찍이 밀어두고는
어지러운 풍경을 뒤로하고 발걸음을 옮긴다
불현듯 감방을 훑고 내려온 바람이
내 거친 머리를 세차게 스치며
섬광처럼 내리꽂히는 울림을 남긴다
현실 너머의 깊숙한 내면을
아낌없이 보여주지 못하는 그대야말로
모순에 가득 찬
기름진 유채색의 잉여인간이라고.

어느 겨울의 감방일지

그날도 그랬다. 또 난리가 난 거다. 한 차례 굿거리를 치를 적마다 뒤치다꺼리로 환장할 노릇이다. 하루 이틀도 아니고 허구한 날 저리도 한을 품고 있으니 신인들 말릴 재간이 있겠는가. 바람은 또 어쩌자고 저리도 앙칼지게 불어대는지……. 휘이휙 몰아치는 그 소리는 새하얀 어둠을 끌어안고 먹먹해진 나를 희롱하듯 너풀댄다.

큰문으로 들어선 그는 어딘지 모르게 예사롭지 않은 주의를 끌었다. 난초 잎 같은 가는 눈썹에 야릇한 눈매로 보아 미인에 속했다. 그 풍채에 걸맞지 않은 꾀죄죄한 행색과 거친 말투는, 보통을 초월한 신비로움마저 불러일으켰다. 무슨 사연인지 알 수는 없지만, 이미 형을 받은 채 입소하였다.

사동에는 독방이 몇 개 있다. 생활적응 불응자, 성격장애자, 정신이상자 등 여러 사유로 도저히 혼거수용을 할 수 없는 경우에 한해서 독방에 유배된다. 그는 꼴통 문제수問題囚에 속했다. 그가 있는 감방은 하루도 조용한 날이 없었다.

어둠의 그림자가 짙을수록 절망의 무게가 깊어오는지 그의 반란은 자정이 넘은 이른 새벽이면 더욱 심해졌다. 그럴 때면 제 성질에 격하여 울분을 삭이지 못했다. 비명 섞인 울음은 고요한 감방의 적요를 비집고 비수처럼 날카롭게 흩어졌다.

3.3평의 문제수 독방에는 웬만한 가정집 살림살이는 다 갖추어져 있다. 시찰구를 통해서 싱크대가 바로 보이고, 그 우측 옆에는 낡은 옷장이 나지막하게 세워져 있다. 거실문과 연결된 벽 위에 선풍기가 걸려 있고, 그 좌측 모퉁이 끝에는 책꽂이용 선반과 잡동사니를 보관할 수 있는 다락이 있다. 그의 방 안에는 그 다락만 빼고는 아무것도 찾아볼 수가 없다. 눈에 보이는 것이면 뭐든 집어던지고 깨어 부수어, 제대로 된 모양을 갖춘 게 있을 리 만무하다.

거실 창틀 밖 뒷마당에는 부서진 숟가락과 젓가락 잔해들이 성난 회오리바람에 여기저기 흩어져 있었고, 음력설에 특식으로 나온 가래떡 몇 조각은 주인을 잃은 서러움인지 서로 부둥켜 엉킨 채 흙바닥 위에 나뒹굴었다. 여러 조각이 난 깨진 그릇들이며 그 안에 담겨졌던 밥 덩어리와 김치 조각들도 언 맨땅 위로 내동댕이쳐져 있었다. 그것은 마치 술 취한 사내가 삭지 않은 욕지거리들을 토해낸 몸부림과도 같았다.

그는 아마도 전생에 물귀신이었음에 틀림없다. 밤새도록 방 안에 있는 수도꼭지를 틀어 거실은 이내 물바다가 되었다. 사방으로 퍼지는 물보라는 투명한 무지갯빛을 띤 그의 영혼의 입자들이었으리라. 거기에는 그의 파란만장한 인생이 용해되어 있다. 한 줄기씩 검은 공허를 담은 물이 쏟아질 때마다 가지가지의 애연하고 절절한 사연들이 뿜어져 나왔다. 물줄기는 주룩주룩 그의 가슴을 긋더니 금세 그의 현재마저 지워버리고 오직 잿빛 과거만 남게 했다. 시간은 젖은 채로 뒤춤하며 퇴행하고 있었다.

한자리에 가만히 있지 못하는 그는 거실 안 주변을 두리번거리며 열심히 뭔가를 찾곤 했다. 관에서 지급한 대한민국 법무부 마크가 찍힌 멀쩡한 담요 테두리를 뜯어서 창틀 사이에 끼워 한 번 동여매고는 널찍하게 펴서 옷걸이용으로 걸쳐 놓기도 하고, 관복바지의 옆 솔기를 따라 실밥을 풀어서 조각조각 내어 거실 밖으로 내던지며 뭐라 뭐라 욕을 쏟아놓기도 했다. 그것은 망가진 인생이라는 보편적인 사회 기준에 대항하는 물에 젖은 생쥐의 분노였으리라.

날이 새면 "밤새 무슨 일이 있었기에 아직까지 다들 자는 거야?" 하며 눈을 껌뻑 껌뻑거리고는 전날 일에 대해서는 능청스럽게 시치미를 딱 떼었다. 그의 옆방 사람들은 밤이면 밤마다 고래고래 고함지르면서 거실 문을 발로 차는 소란에 잠을 잘 수 없다며 불만이 이만저만 아니었다. 그는 그들을 향해 "야, 이

년들아, 교도소에 자러 왔냐." 하면서 외려 호통을 치며 더 야단법석이었다. 그럼에도 새벽 고요를 깨는 그가 나는 밉지 않았다.

그는 나를 '댕기동자' 라고 불렀다. 아마도 길게 늘어뜨려 한 갈래로 쫑쫑 땋은 머리 때문일 게다. 그가 특징 있게 지어준 별명 덕분에 본래의 내 이름보다는 오히려 댕기동자로 널리 알려지게 되었다. 사람들은 말하기를 "소문은 이미 나 있고, 긴 대나무 꼬챙이 끝에다 방울 몇 개 달아 귀퉁이에 꽂아두면 장사는 잘 되겠다."라고 우스갯소리를 던지곤 했다.

근무지가 이동된 탓에 더 이상 그를 볼 수 없게 되었다. 이따금씩 들려오는

애기로, "댕기동자 요새 바람 났제?"라며 사동 청소부를 붙잡고 나의 행방을 묻는다고 한다. 일찍 출근하는 날이면 가끔씩 그가 있는 거실 뒷마당으로 가곤 했다. 아니나 다를까. 여전히 그곳에는 그의 깨진 삶의 편린들이 내동댕이쳐진 물건들 속에 몸부림치듯 너부러져 있었다. 어떨 때는 면회물로 들어온 음식들이 봉도 뜯기지 않은 채 마당에 뒹굴기도 하고, 또 어떨 때는 과자부스러기들이 뽀얗게 덧칠되어져 있기도 했다. 젊은 시절 아가씨 생활을 할 때 가슴에 사무친 사내들을 생각하면서, 그 전날 밤 양밥으로 사용된 것이었다고 누군가 귀띔해 주었다.

나는 정신이상적인 증세를 보이는 그를 지켜보면서 어떤 알 수 없는 감동이 물결일 듯 번져왔다. 그가 바로 내 내면의 초상화임을 깨우치게 하는 데는 오랜 시간이 걸렸다. 무표정한 태연함으로 둔갑한 곰팡내 나는 도덕과 합리화된 모순이라는 가리개로 그럴싸하게 포장한 채, 세상 사람들한테 속내를 들키지 않으려고 마음 깃을 여미는 모양새가 그보다 더 나을 바가 없다는 것을 깨닫게 하는 데도 또 다른 한 움큼의 시간이 필요했다.

세상이 잘 보이는 자리에 우두커니 홀로 앉아 아래를 내려다본다. 거꾸로 된 세상이든 똑바로 선 세상이든 그 속에는 나름대로 삶의 진리가 있을 게다. 일그러진 모순 속에 반항하기도 하고 타협하기도 하는 게 다 사람살이인 것 같다. 어떻게 사는가에 대한 정답은 어디에도 없다. 사람이 많은 만큼 그들이 영위해가는 삶의 형태는 각양각색이기에, 어느 곳이 지름길이라고는 말할 수 없으리라. 세상은 그저 하얀 여백처럼 인생이라는 길 없는 길, 형상 없는 길만이

있을 뿐이다.

육중한 철 대문으로 굳게 닫힌 그의 감방의 칸살을 통해 내부를 찬찬히 들여다본다. 물에 젖은 생쥐는 한줌의 그리움을 안고 멀어진 날의 꿈인 듯, 아득한 슬픔인 듯 이 막막한 감방 한 켠에서 쪼그려 앉아 울고 있다. 그의 눈동자에 어린 무채색의 우울과 극심한 단절감을, 나와는 아무 관계없는 독립변수로 멀찍이 밀어두고는 어지러운 풍경을 뒤로하고 발걸음을 옮긴다.

불현듯 감방을 훑고 내려온 바람이 내 거친 머리를 세차게 스치며 섬광처럼 내리꽂히는 울림을 남긴다. 현실 너머의 깊숙한 내면을 아낌없이 보여주지 못하는 그대야말로 모순에 가득 찬 기름진 유채색의 잉여인간이라고.

스타가요
채송화
)한국가수협회
화협회

세 번째
이야기

끼, 멈출 수 없는 그 지독한 열병

Jung Sung-hee story

어화 둥둥 내 사랑

도시의 강화도령

겨울이 다 되지 않으면
솔의 푸름을 모르듯
청잣빛 물이 듣던 시절엔
늙음이란 내게서
전생만치나 아득하게 느껴졌다
그저 무심하게만 여겨졌던
할애비의 외로움이
세월 한 자락을 삭히고서야
비로소 가슴으로 전해져
생인손 앓듯 아려온다

흰 세월이 소복이 쌓인
백발의 할애비는
오늘도 삭지 않은 그리움을 동여맨 채
사람들이 떠난 허허한 도시를
지키는 서낭신이 된다
거시기요
늙고 병들었다고 괄시하지 말고
한달음에 퍼뜩 찾아주이소
나이 먹을수록 사람이 억시기 그립구만유.

건들바위

'거시기요, 저거 좀 보이소. 시상에, 멀쩡하게 생긴 바위가 도로 위에 집을 지어 턱하니 자리를 차고앉은 꼴 좀 보이소.'

무릇 바위라 함은 깊은 산중에 있는 커다란 돌덩이를 이를 터이다. 헌데 저 바위는 어이하여 도심지 한복판에다 터를 잡고서는 저토록 야무지게 버티고 있단 말인가. 보아하니 무슨 말 못 할 곡절이 있음직한데, 그래도 생뚱맞기가 십 리 밖 오리나무다.

사람들은 이 바위를 '건들바위' 라고 부른다. 언제부터 그렇게 불리어졌는지는 알 수 없으나, 다들 그렇게 불러오고 있다. 간혹 그 모양새를 보고 삿갓 쓴 늙은이 같다 하여 '입암笠巖' 이라고도 하지만, 건들바위로 더 널리 알려져 있다.

듬직한 바위에 기댄 채 두 눈을 감는다. 바위에 깃든 영기가 내 몸 속으로 세차게 빙의되어 들어온다. 순간 어지럼증이 일더니, 시간을 에돌아 먼 어제의 사람들을 만난다. 바위 위로 수북이 쌓인 세월들도 술렁댄다. 그 속에 숨겨진 시

간들을 뒤적이며 한때 융성했었던 세상 대접을 듣는다.

먼 옛날에는 이 바위 앞에 맑고 깊은 냇물이 흘러 『동국여지승람』에 대구 10경의 하나로 기록될 만큼 경치 좋은 명소였다고 전해진다. 서거정 선생의 『입암조어笠巖釣魚』도 여기를 두고 읊은 시라 하니, 가히 선경에 든 풍경이었으리라. 게다가 초사흘과 초이레가 되면 으레 큰 바위 아래로 무당과 점쟁이들이 찾아와 치성을 드리거나 아이를 낳지 못한 아낙들이 모여들어 촛불을 켜두고 소원을 빌었다고 하니, 그 집채만 한 풍채에 걸맞은 위엄도 서려 있었음을 능히 짐작케 한다.

그 시절 옛 사람들은 사시장철 건들바위를 찾고 또 찾곤 했다. 퍼석한 대지 위에 아지랑이 봄물 돋는 봄에도 그랬고, 진초록 잎새들이 긴 그늘을 드리우는 여름에도 그랬다. 코스모스의 하늘거림이 넘실대는 가을에도 그러했고, 눈 덮인 바위에 적막이 고드름 지는 겨울에도 그러했다.

거꾸로 매달아도 가는 것이 세월이라 하였던가. 그렇게도 위풍당당했던 바위가 손대면 앞으로 꼬꾸라질 듯 위태위태한 모습으로 지금 내 앞에 서 있다. 지난날의 흥성했던 흔적은 그 어디에서도 찾아볼 수가 없다. 깊은 산속에 뭇 나무들을 거느리며 의연하게 하늘을 이고 군림하는 여느 바위가 아니다. 마땅히 제가 있어야 할 터를 벗어나 이곳 도심지 비좁은 땅에다 자리를 마련하여 웅크린 채 살아온 탓인지, 홀로 외로움을 삭히는 도시의 노인 같다.

건들바위가 우리 앞에 모습을 드러낸 것은 그리 오래 되지 않는다. 사람들의 발길이 뜸해져 거미가 잡초더미 사이에 집을 지어 주인 행세하던 숱한 세월을

뒤로하고 도로가 확장되던 어느 날, 느닷없이 도시인들의 시선을 모으게 된 것이다.

몇 해 전 바위 옆 절벽이 풍화작용으로 고목나무 껍질 벗겨지듯 그 일부가 떨어져 나갔다. 암벽 틈새에 박힌 나무뿌리가 벌어지면서 바위를 위태롭게 했다는 것이다. 문화재적 가치 못잖은 소중한 자연유산이 후손들의 허술한 보살핌으로 인하여 그만 훼손되고 말았다.

쑨 죽이 밥이 되랴마는, 그제서야 병든 할애비를 알아보고는 주변을 말끔히 정리하고 사라진 시간을 일으켜 옛 풍경도 되살리려고 수선을 떨어댄다. 잡초가 우북한 바위 일대가 날이면 날마다 찾아드는 사람들로 전에 없이 부

산해졌다. 늘 한쪽 가슴이 비어 있던 할애비에겐 얼마나 애타게 그리던 훈기였던가. 공사에 들어간 사람들은 역사와 문화가 살아있는 공간으로 재구성하기 위해 조그마한 실개천과 인공폭포를 만들고, 자연석과 수변식물도 심어두는가 하면, 야간 조명시설이며 쉼터도 마련하여 건들바위 일대를 번듯하게 단장하였다.

도로 가득 불이 환하게 켜지고 바둑판처럼 단정하게 정돈된 정원은 보기에도 낯선 고장에 온 듯 어리둥절하게 만든다. 뜰 안 꽃들은 또 어찌 그리도 화려할꼬. 정작 할애비는 당신과 수다 떨 할망구 잡초나 장기 둘 홀애비 들풀을 곁에 두고 싶지만, 요즘 애들은 야단스런 문명을 더 좋아하는가 보다. 하기사 자손들이 원한다면 무엔들 참지 못하랴.

그래도 옛날에는 수더분한 잡풀들이며 낡은 가옥들과 크고 작은 허름한 돌들이 할애비 옆에 둥지를 틀며 고독한 시간을 메워주어 이토록 심심치는 않았다. 가끔 새들도 날아와 쉬었다 가고, 밤하늘의 달과 별도 말동무 되어 할애비의 허전함을 채워주곤 했었다.

동이 트면, 문명의 이기가 시끄럽게 하루를 흔들어 깨운다. 도시의 소음에 귀가 먼 할애비에게 대신 보이는 것은 단조로운 각진 건물과 차가운 인심 뿐, 마음은 못내 적적했으리라. 하루에도 쉴 새 없이 수많은 사람들이 오고가나, 그래도 할애비는 외롭다. 굳게 걸어 잠근 도시인들의 무관심을 잡아끌려 하지만, 찬바람만 쌩쌩 내며 어디론가 바삐 종종걸음 친다.

주말이면 할애비의 이름을 빌린 주변의 상가들과 음식점에는 사람들로 가득 넘쳐난다. 보아하자니, 할애비 배경과 업적을 등에 이고 장사에만 골몰하는 사람들과 먹자판으로 잔치를 벌이는 과객들로 문턱이 비좁도록 북적대지만, 진즉 할애비의 안부는 고사하고 그 존재조차 안중에도 없는 듯하다.

오랜 지기 하나 없는 썰렁한 도시를 말없이 지켜온 할애비의 외로움이 바람 속에 일렁인다. 바람은 일터로 간 사람냄새를 몰고 온다. 그럴수록 모가지를 늘이게 하는 그리움이 짙어간다. 텅 빈 마당에 바스락 소리만 들려도 자신을 찾아온 객인가 싶어 긴 목 빼어 물고 자손들의 안부를 다그챈다. 가까이 있으면서도 다가갈 수 없는 먼 그들을 향한 애틋함이 무구한 사랑으로 짙어진다.

강화도령이라도 되는가, 사시장철 내도록 한 곳에 틀어박혀 있으니 그 답답함이 오죽하랴. 도심 한복판에서 딱히 할 만한 일도 마땅찮고, 갈 만한 곳도 여

의치 않은, 그저 자리만 축내는 별 시답잖은 노인이 되어버렸다. 깊은 산속에 있어야 할 바위가 도시 한 중앙에 있으니 어찌 외로움이 더하지 않으랴. 뭐 하려고 거기 남아 저리도 사서 고생을 하는지……. 세상 틀 다 바꾼 거만한 도시의 눈이 늙고 병든 할애비 바위에게 흘릴 연민의 눈물인들 남아 있으랴. 모진 목숨 홀로 이어가려니 꺼억꺼억 목이 메어 온다.

얼마나 외로움이 사무쳤을까. 급기야 할애비는 아이를 배었다. 수태한 할애비는 당신의 몸뚱이를 텃밭으로 일궈 품 안으로 정성스레 탁란한다. 새의 부리에서 떨어져 내린 씨앗이건, 바람의 등에 업혀 실려 온 갓털이건 할애비에겐 모두 다 소중한 생명이리라. 오죽하면 넓고 기름진 땅을 마다하고 민둥산에다 제 명줄을 달아매야 할까 생각하니 고놈의 험난한 팔자가 못내 안쓰러웠을 게다. 그래도 할애비에겐 저 어린 막둥이가 늦복이 아닐 수 없다. 허물어지는 인생 마감 길을 함께하며 회오리치던 우울을 위무해 주니, 그저 기특할 따름이다.

그러던 어느 날, 그토록 단단했던 돌덩이가 마른 속을 드러내며 바스러졌다. 가는 실뿌리에도 속절없이 무너져 내린 양이 자못 처절하기까지 하다. 배고픈 꼬랑지들이 할애비 등에 잔재한 자투리 수분과 햇살이라도 서로 차지하려고 다툼을 벌였던 게다. 육덕肉德이 좋을 때는 그악스럽게 보채 대는 저놈을 단단히 옭아 붙들 수 있었지만, 삭정이가 된 지금은 온몸에 기운이 빠져 좁은 품 안으로 앙칼지게 파고드는 응석조차 당해낼 재간이 없었던 모양이다. 불현듯 세월의 덧없음이 저릿한 아픔으로 다가와 내 마음에 파문을 일으킨다.

겨울이 다 되지 않으면 솔이 푸름을 모르듯, 청잣빛 물이 들던 시절엔 늙음이란 내게서 전생만치나 아득하게 느껴졌다. 그저 무심하게만 여겨졌던 할애

참느릅나무

비의 외로움이 세월 한 자락을 삭히고서야 비로소 가슴으로 전해져 생인손 앓듯 아려온다. 약과를 누가 먼저 먹을지는 알 수 없으나, 나 또한 언젠가는 늙어 저 모습이 될 게다. 도시에서 자라, 여태껏 생활해 온 내가 나이 들어도 갈 곳은 이곳밖에 없다는 걸 익히 잘 알고 있기 때문이다. 나 또한 저 할애비처럼 도시

의 잉여인간이 되어 겉도는 인생 말년을 맞이하게 될지도 모른다는 생각에 서글픔이 밀려든다.

할애비가 평소 즐기던 막걸리 한 병 사들고 대접 그득 부어 권해 본다. 거나하게 취한 할애비를 바라보며 세월에 실린 해묵은 상처를 보듬는다. 푼푼하게 비워진 마음으로 자손을 향한 한없는 베풂도 읽혀진다. 늙은 할애비가 겪어야 하는 처절한 외로움과 사회적 고립을 그저 피할 수 없는 세월의 멍에로 치부하고는 애써 외면했던 내 얼굴이 모닥불을 쓸어 담은 듯 화끈거린다. 나 또한 머지않아 먼 길을 가야 하기에, 할애비의 슬픔은 곧 내가 더불어 공유해야 할 아픔임을 뒤늦게나마 알게 되었다.

둥그런 해가 꽁지깃을 넓게 펴며 하늘 높이 치솟아 오른다. 누런 호박같이 잘 익은 햇살을 이고 묵언수행 중인 할애비의 자비로운 기운이 도시 전체로 내려앉는다. 도시가 이만큼 번창하고 평온한 것도 다 할애비의 보살핌이었음을 이제서야 깨닫는다. 오랜 세월 모진 풍랑 속에서 많은 것들이 소실되어 갔음에도, 한 칸 초막도 없이 맨몸으로 풍상설우에 맞서며 도시를 지켜온 그 노고에 내 영혼마저 숙연해져 온다. 흰 세월이 소복이 쌓인 백발의 할애비는 오늘도 삭지 않은 그리움을 동여맨 채 사람들이 떠난 허허한 도시를 지키는 서낭신이 된다.

"거시기요, 늙고 병들었다고 괄시하지 말고 한달음에 퍼뜩 찾아 주이소. 나이 먹을수록 사람이 억시기 그립구만유."

마당굿

차르륵
금싸라기 햇살이 쏟아지는
굿마당에 꽃이 핀다
소리꽃이 타닥타닥 타오른다
펄럭이는 농기를 앞세우고
두레패들이 달뜬 손놀림으로
소리행랑을 풀어놓는다
소리가 얼쑤절쑤 춤을 춘다
소리는 깡마른 바람을
펄쩍펄쩍 뛰게 하고
뭉게구름을
덩실덩실 춤추게 하며
산과 들을 풀썩풀썩 뒤척이게 한다
두레패들이 북새통악기를 둘러메고
황톳빛 둥근 소리를 빚어댄다.
가락이 굿마당 위로 꽃비처럼 흩뿌려진다
가락은 입 다문 소리를 버성기고
만상을 춤추게 하는 신묘한 주술을 부린
나뭇가지에서 남상거리던 박새가
풍물소리에 푸드득
날개짓하며 풍악을 친다
소슬바람의 등에 무동탄 나뭇잎새들이
사라락 사라락
수다춤을 추며 까불댄다
굿마당을 힐끗힐끗 곁눈질하던
바람도 흥에 겨운지
휘익 휘이익 마른 풍경소리로
장단을 매긴다
산마루에 걸린 쑥대머리 햇살도
좋아라
산만 한 머리채를 풀어헤치며 너울댄다

꾼

–청도차산농악을 찾아서

쑥덕쑥덕 굿마당이 술렁댄다. 어디선가 먹구름이 몰려온다. 세찬 바람이 불어온다. 천둥번개가 내려친다. 억수같은 비가 퍼붓는다. 두레꾼들이 굿마당에다 한 됫박의 소리똥을 퍼질러 놓는다. 우레 같은 소리에 놀란 사람들이 주변으로 몰려든다.

느긋이 뒷짐 지던 징이 굵직한 목청으로 판굿 사립문을 열어젖힌다. 까르르 조잘대는 초랭이 아이에서 이 빠진 홀쭉한 아흔의 홀애비에 이르기까지 다양한 계층들이 모여든다. 굿마당이 대목 맞은 시골 장터처럼 사람냄새로 시끌벅적하다.

소리바람이 중얼중얼 주문을 외며 가락을 싣고 온다. 어린 시절 짙은 어둠이 고샅을 메울 때까지 동네를 맴돌며 졸졸 따라다니던 바로 그 구성진 풍물소리가 아니던가. 삭막한 도시에 푸웅푸웅 경적을 울리며 정감어린 시골의 정취를 몰고 올 때면, 먼 옛날 잊혀진 내 안의 향수가 일렁이며 그리움을 마구 흔들어

댄다. 그럴 때면 물과 목초를 찾아 떠도는 유목민처럼, 소리를 좇아 사람을 찾아 길을 나선다.

청도차산농악이 펼쳐지는 판마당이다. 경상북도 무형문화재 제4호로 지정된 차산농악은 신라고촌이라 불리는 청도군 풍각면 차산리에서 행해지는 농악놀음이다. 정월이면 지신밟기, 꽃 피면 화전놀이, 백중이면 호미씻이, 추수하면 단풍놀이로 하늘을 달래고 땅을 얼러 재앙을 막고 풍년을 비는 우리 민족의 고유한 풍물굿놀이다.

차르륵 금싸라기 햇살이 쏟아지는 굿마당에 꽃이 핀다. 소리꽃이 타닥타닥 타오른다. 펄럭이는 농기를 앞세우고 두레패들이 달뜬 손놀림으로 소리행랑을 풀어놓는다. 소리가 얼쑤절쑤 춤을 춘다. 소리는 깡마른 바람을 펄쩍펄쩍 뛰게 하고 뭉게구름을 덩실덩실 춤추게 하며 산과 들을 풀썩풀썩 뒤척이게 한다.

두레패들이 북새통악기를 둘러메고 황톳빛 둥근 소리를 빚어댄다. 가락이 굿마당 위로 꽃비처럼 흩뿌려진다. 가락은 입 다문 소리를 버성기고 만상을 춤추게 하는 신묘한 주술을 부린다. 나뭇가지에서 남상거리던 박새가 풍물소리에 푸드득 날갯짓하며 풍악을 친다. 소슬바람의 등에 무동 탄 나무 잎새들이 사라락 사라락 수다춤을 추며 까불댄다. 굿마당을 힐끗힐끗 곁눈질하던 바람도 흥에 겨운지, 휘익 휘이익 마른 풍경소리로 장단을 메긴다. 산마루에 걸린 쑥대머리 햇살도 좋아라 산만 한 머리채를 풀어헤치며 너울댄다.

두둥 두둥~ 쭈그렁 세월을 김매는 꼬부랑할멈의 비탄 어린 호미질 같은 낡은 북소리가 들려온다. 갠지 갠지~ 집 안팎 대소사를 챙기는 대들보아범의 서릿발 서린 꽹과리 소리가 부서진다. 따쿵 따쿵~ 군불 아궁이를 지피는 늙은 아낙의 자잘한 푸념 같은 마른 장고소리가 가빨라진다. 지잉 지잉~ 곰방대 꼬나문 윗마을 혹부리영감의 유장한 헛기침 같은 징소리가 유유자적하다. 징은 가락의 첫 박을 크게 울려준다. 짧고 굵은 맥놀이는 갈 길 몰라 방황하는 이들에게 이정표가 된다.

한때 내 삶도 더듬이가 끊어진 여치처럼 방향을 잃은 채 휘청거렸다. 어디를 가든 위치를 알려주는 이정표는 길목마다 있지만, 내가 가야 할 방향을 가리키는 화살표는 아무 데도 없었다. 매운 세상바람에 어기적어기적 비실걸음을 할 때마다 정해진 표지판 없이 엇길로 가다 보니, 온갖 구불구불한 옆길을 에둘러 헤매었다.

징은 섭씨 1,300도의 도가니 속에서 곰망치질로 도듬질 된 타악기이다. 단단한 맷집으로 생긴 수많은 동심원이 가락의 판단자라는 고명한 훈장 속에 숨겨진 지난한 내력을 말해준다. 위풍당당한 거목답게 마음자리도 넉넉하고 의젓

하다. 집 나간 새끼를 목 놓아 부르는 애비 소의 묵직한 울부짖음 같은 장중한 여음으로, 쇳소리를 어르고 가죽소리를 달래며 풍물판의 흩어진 소리들을 한데 아우른다.

쇠잡이가 천둥을 내려친다. 긴 고행 속에 인내로 여문 정제된 소리가 천지를 개벽한다. 온몸이 채찍질 자국으로 피멍 들어도, 달구고 두드리며 자신의 삶을 여지없이 불사른다. 시뻘건 담금질과 모진 매타작에 긁힌 상처는 대수롭지 않다는 듯, 갠지갠지개갱 가락을 빚어대는 꽹쇠가 온 누리에 소리공양을 띄운다.

꽹쇠가 가파르게 빗살문양을 그으며 가락을 풀무질한다. 형극의 굴레를 벗어던진 기백이 장엄하다. 심술 고약한 매질에 맞서면서 우럭우럭 속 깊이 영근 금빛 파장에, 뉘라서 설움에 들 수 있으리. 호락호락 물러설 것 같지 않던 한恨이 비실비실 비틀걸음을 해댄다. 마당에서 몽글몽글 피어오르는 풍물소리에

인기척을 내려던 내 아픔도 피시식 안으로 쑤욱 기어 들어간다. 앞산 뒷산을 뒤흔드는 꽹그랑 소리에 꽁지 빠져라 세상사 번뇌가 십 리 밖으로 줄행랑친다.

북은 소리마디를 짚어가며 수탉처럼 우렁찬 기상을 떨친다. 무명 저고리 위로 북통을 단단히 동여맨 북잽이가 채를 허공 높이 던져 뭉게구름 한 자락을 떠와 너름새로 세상을 희롱한다. 장구한 역사를 풍미해 온 뱃심 두둑한 배짱이 투박한 대로 멋스럽다.

장구잽이가 숫바를 죄고 장구놀음에 들어간다. 장구가 널뛰기를 하며 궁편과 열편을 넘나든다. 궁채가 쿵구궁 굵은 흙내음을 몰고 오면, 열채는 따다당 성마른 소낙비를 재촉한다. 가락들이 세찬 여울목에서 회오리바람 되어 용솟음치다가 폭우처럼 와락 쏟아진다. 휘몰이 고개를 오르내리는 디딤새에 힘이 부치는지 가쁜 숨을 몰아쉬며 막걸리 한 사발을 벌컥벌컥 들이켠다. 둥근 테를 따라 약술이 주르륵 흘러내린다. 불콰해진 장구가 홍당무처럼 달아올라 더욱 빠르게 가락을 풍구질한다. 얼쑤절쑤 신명난 장구잽이의 이마에 맺힌 땀방울이 취흥에 소금진다.

날라리가 꽃술을 늘어뜨려 가락을 기다랗게 쏟아낸다. 가늘게 부서지는 애잔한 가락이 골 깊은 세월을 적신다. 애절하고도 구슬픈 음조에 찔끔찔끔 눈물을 떨구자, 도롱상투를 쓰고 장삼자락을 휘날리며 징이 근엄하게 등장한다. 지잉~ 한 번의 장엄한 울림으로 가라앉은 음기를 몽땅 먹어치우고 온 누리에 만상의 흥을 북새질한다. 한껏 숙연해진 구경꾼들이 징의 긴 울림에 훌쩍훌쩍 훔친 눈물을 시부저기 거둬들인다.

징의 위엄에 못마땅한 듯 작달막한 꽹쇠가 도끼눈을 흘기며 꽤꽹 꽤꽹 잔기침을 해댄다. 도포자락을 휘날리며 넉살좋은 북가락도 자리를 박차고 마당을 어슬렁거린다. 절뚝절뚝 오금놀음에 흥취가 오른 구경꾼들이 주름골 가득 호탕한 너털웃음을 콸콸 쏟아낸다.

나는 한때 색주가의 수박등 같은 화려한 문명을 꿈꾸었다. 원시의 힘으로 불끈 솟구치는 촌스런 아우성이 어지러웠다. 시간은 사람을 묵게 만드나 보다. 어느덧 내 인

생도 중모리 내리막길로 들어서면서 흙냄새 물씬 풍기는 소박하고 뭉근한 우리 풍물이 좋아졌다. 걸쭉한 입담을 구성지게 늘어놓는 덥수룩한 인생들이 시름도 고뇌도 잊은 채, 흥겨운 가락에 왁자지껄 쏟아내는 걸걸한 너스레가 좋아졌다.

오늘도 나는 전통악기를 두드리며 굿마당에 시주된 소리들을 내 안으로 쓱쓱 쓸어 담는다. 고뇌와 울분을 소리로 풀어내고 춤으로 달래 온 풍물꾼들의 삶을 통해 무욕의 소탈한 풍류를 배운다. 바람을 만나 가락을 엮고 사람을 만나 인정을 다져, 내 안에 식지 않는 천년의 신명을 익힌다.

소리가 해마루를 넘는다. 굿마당이 감빛으로 물들어간다. 소리가 사위어진 판마당에 어둠이 내린다. 달이 돋는다. 별이 움튼다. 또 하나의 인생이 어우렁더우렁 둥글게 몽글어간다.

천자문

'하늘 천 따 지'
햇살이 푸지게 고인
대청마루에 걸터앉아
방마다 여울져 새어나오는
소리를 따라간다
오소소 돋는 소름이
목덜미를 타고 내려온다
소리는 허공으로 흩어졌다가
꽃비가 되어
마음속으로 쏟아져 내린다
몸은 그 소리에 더욱 민감해진다
폭포에 물이 떨어져 흘러넘치듯
그 소리는 방 안을 휘젓고는
너울너울 산등성이를 넘어
도시 어디론가 가고 있다

어린 꽃들이 뿜어내는 수행의 향기가
온 누리를 흠뻑 적신다
아이들이 깔깔댄다
활짝 드러난 치아가
해만큼이나 눈부시다
문 밖을 기웃대던 햇살이
사라락 사라락 맑은 소리를 내며
아이들의 습한 마음을 말려준다
낮볕으로 다듬이질 된 가슴에서
자연이 배태한 연둣빛 냄새가
폴폴 풍겨온다
젖은 내 마음도 햇살에 펄럭댄다
상처받고 비루한 삶의 일상을
소리에 담아 멀리 허공으로 날린다.

하늘 천 따 지

-경북 영주 소수서원을 찾아서

솔내음이 봄바람을 타고 천지에 흩날린다. 어제가 오늘인 양 밋밋한 일상을 툭툭 분질러 보퉁이에 싸매두고, 그 짙은 향내 속으로 걸어 들어간다. 백두대간의 정기를 머금은 소수서원에 이르러서야 내 발걸음을 부추긴 소나무 향취가 이곳에서 불어왔음을 짐작하게 된다.

울창한 솔숲에 결 고운 햇살이 내려앉아 푸른빛을 흩뿌리고 있다. 그 줄기를 따라 경내에 들어서니, 마치 고향에 온 듯 사방 낯익은 풍경이 화폭처럼 펼쳐진다. 안에는 지락재, 강학당, 직방재, 학구재, 영정각, 전사청, 일신재 등 고색창연한 옛 건물들이 비교적 자유롭게 배열되어 있다. 학문과 인격도야에 정진하는 선비들의 청렴한 정신세계를 보여주듯 건축물들은 대체로 간결하고 검소하게 꾸며졌다. 유생들이 공부하던 학구재와 지락재는 스승의 거처인 직방재와 일신재보다 한 자 낮게 뒷물림하여 지어져 충효예제忠孝禮祭의 윤리의식이 건축 구도에까지 잘 형상화되어 있음을 본다.

오백 년 세월을 단걸음으로 치올라가 역사의 한 모퉁이에 다다른다. 물과 바람이 돌고 도는 계곡을 따라 죽계천을 지나고 연화산을 건너 풍류를 즐기며 자연과 벗한 옛 선비들을 만난다. 그 시절 선조들은 사시장철 서원을 찾고 또 찾곤 했다. 퍼석한 대지 위에 아지랑이 봄물 돋는 봄에도 그랬고, 진초록 잎새들이 긴 그늘을 드리우는 여름에도 그랬다. 코스모스의 하늘거림이 넘실대는 가을에도 그러했으며 눈 덮인 마을에 적막이 고드름 지는 겨울에도 또한 그러했다.

소나무 군락을 지나 시선이 강학당으로 내달린다. 대문이 비스듬히 닫혀 있다. 살짝 힘을 주어 밀어본다. '끼이익' 문짝이 삐걱거리며 인기척에 화답한다. 그 안을 조심스레 기웃거린다. 인적이 비켜간 절해고도이듯 강당은 적요에 갇히고 옛 자취는 어스름 속에 묻혀 있다. 나는 적막이 세든 오래된 풍경 속으로 조심스레 침잠한다.

낮게 드리워진 담 너머 세월의 허리께를 숭덩 잘라, 소슬히 여울지는 시대의 뒤안길을 되돌아본다. 찬란했던 옛 영화는 추풍낙엽처럼 우수수 떨어지고 무심한 세월만 봄빛에 적적하다. 마당 한 귀퉁이에 세워진 싸리비를 들고 빈 집의 허전함을 구석구석 쓸어낸다.

안으로 발걸음을 옮긴다. 세월을 비껴선 듯 내부가 정갈하다. '하늘 천 따 지', 어디선가 아이들의 경經 읽는 소리가 낭랑하다. 근원을 만난 듯 영혼을 깨우는 그 소리는 깊은 울림이 되어 내 삶의 면면을 되돌아보게 한다.

세상을 올바르게 살지 못했던 지난날들이 부유물처럼 떠오른다. 예전의 나는 무르팍이 찢어진 청바지에 검정고무신을 신은 일그러진 청춘이었다. 궁륭저편 색주가의 수박등 같은 원색의 서구문명을 향해 눈썹을 휘날리며 힘차게 페달을 밟았다. 세월을 머금은 흰서리가 내리고서야 거울 속에 비친 내 모습을 보며 나의 존재의 정체성에 대한 의문이 돋아났다. 밤길의 먼 불빛처럼 늘 아득해 보이던 유교 문화가 서서히 눈에 들어오기 시작한 것이다. 처음엔 나와는 상관없는 별개의 세계라고 여기며 거들떠볼 생각조차 하지 않았다. 시대에 뒤처진 퇴물이라며 어딘지 모르게 무시하는 마음도 있었다. 그런 비아냥에도 개의치 않고 의연한 자세로 한 자리를 지켜온 옛 문화를 대할 때면 얼굴이 모닥불을 쓸어 담은 듯 화끈거려 온다.

햇살이 푸지게 고인 대청마루에 걸터앉아 방마다 여울져 새어나오는 소리를 따라간다. 오소소 돋는 소름이 목덜미를 타고 내려온다. 소리는 허공으로 흩어졌다가 꽃비가 되어 마음속으로 쏟아져 내린다. 몸은 그 소리에 더욱 민감해진다. 폭포에 물이 떨어져 흘러넘치듯, 그 소리는 방 안을 휘젓고는 너울너울 산

등성이를 넘어 도시 어디론가 가고 있다.

서원이 출렁다리마냥 일렁인다. 텅 빈 하늘을 이고 참선에 든 서원이 드디어 깊은 수도修道에서 깨어나고 있다. 풀잎도 기지개를 켜고 일어나 연녹색 입술을 오물거린다. 느슨했던 서원이 다시 팽팽해지고 구석진 곳으로 내몰린 유학이 오백 년 묵은 고요를 털어낸다.

얼마 전, 뉴욕타임스와 인터내셔널 헤럴드 트리뷴지에 이곳 영주 소수서원이 자세히 소개되었다. 아울러 선비들의 학풍과 인품이 서린 서원이 유네스코 세계문화유산 잠정목록으로 등재됐다는 반가운 소식도 전해졌다. 이처럼 탁월한 문화유산을 세계에 알릴 수 있는 길이 열려 그동안 소원했던 조상들의 문화를 뵐 면목에 가슴 가득 벅차오른다.

이천 년 동안 제 나라 없이 이곳저곳을 떠돌아다니면서도 자신들의 문화를

귀중하게 여기며 지켜 온 이스라엘 민족이 생각난다. 영국의 역사학자 아놀드 토인비는 인류 문명이 거지반 사라졌지만, 유대인들의 전통만은 지금까지 생생하게 살아있다고 설파한 바 있다. 유랑과 핍박의 긴 역사 속에서도 풀뿌리 같은 강인한 정신력으로 자녀들에게 철저히 자신들의 고유문화를 전수한 이스라엘 민족의 저력이 여기에 있지 않나 싶다.

소수서원은 대원군의 서원철폐령에도 소실되지 않고 수백 년을 이어왔다. 도대체 그 힘은 어디에서 발원된 것일까. 아마도 자손들을 바른 좌표로 이끌려는 소명의식 때문이 아니었을까. 사람의 근본 도리가 되는 인의예지신의 가르침이 긴 역사를 물고 오늘날까지 명맥을 유지할 수 있었던 것도 그러한 연유에서 비롯되었으리라. 시간을 에돌아 먼 어제의 역사를 만나보니, 묵은 장처럼 깊이 배인 자비로운 기운에 마음마저 숙연해져 온다.

근래에 들어 유교문화를 통해 청소년들의 인성교육을 활성화하려는 노력이 활발해지고 있다. 전통예절교육과 공동체 의식을 함양할 수 있는 '도심 속 선비서당' 이 분주해진다. 이곳에서는 단순히 지식뿐만 아니라 성현의 철학과 기본예절을 비롯한 사람의 도리도 아울러 가르치고 배운다. 산등성이를 넘고 온 옛 선비들의 맑은 정기가 도시의 어린 유목민들에게 마음의 길잡이가 되어 휘청거리는 인생을 다잡아주니, 벌써부터 옛 명성을 되찾은 듯한 안도감에 절로 흐뭇해진다.

어린 꽃들이 뿜어내는 수행의 향기가 온 도량을 흠뻑 적신다. 아니 온 듯 다녀가라는 절집 앞에 내걸린 팻말이 떠올라, 내 그림자조차 도로 주워 담는다. 경經 안에는 갈맷빛 샘물도, 아래마당 은행나무도, 때 이른 가을 소국도 다 들어 있다. 하늘을 담고 땅을 실어 우주의 원리를 길어 올리던 옛 선비들의 지혜도 실려 있다. 산들산들 불어오는 바람도, 모퉁이에 쌓인 눈도, 유유자적 흘러가는 세월도, 세상일에 분주한 마음자락도 그 속에서는 하나같이 느긋해진다.

아이들이 깔깔댄다. 활짝 드러난 치아가 해만큼이나 눈부시다. 문 밖을 기웃대던 햇살이 사라락 사라락 맑은 소리를 내며 아이들의 습한 마음을 말려준다. 낮볕으로 다듬이질 된 가슴에서 자연이 배태한 연둣빛 냄새가 폴폴 풍겨온다. 젖은 내 마음도 햇살에 펄럭댄다. 상처받고 비루한 삶의 일상을 소리에 담아 멀리 허공으로 날리고 충효예제의 유교정신이 아이들 가슴속에 은행 알처럼 다복다복 심어진다.

올곧은 생각은 세상을 지배한다고 했다. 세월이 과거의 틀을 다 바꾸었다고들 하지만, 만물의 중심은 옛것에서 발원하여 현재를 괴는 지렛대가 아니던가. 서원이 지난 오백 년의 세월을 이어왔듯이 다음 세대 수천 년에 이르도록 솔 향 짙은 문화가 전해졌으면 좋겠다. 긴 세월 동안 다져온 심지 곧은 문화가 조상들의 정신적 가치와 얼을 담뿍 담아 찬란한 꽃을 피우고 풍성한 열매를 맺었으면 좋겠다.

'하늘 천 따 지', 아이들의 환한 웃음소리가 솔가지 위에 자욱자욱 달무리진다. 자망자망 걸어 나가는 등 뒤로 빛 고운 햇살을 인 옛 문화가 또다시 발그레해진다.

매화

사방이 매화꽃으로 우거져 있다
산 너머 높새바람이 한 차례 불어오자
앞마당 매화나무는
연신 타래에 휘감긴 한풍을 털어내느라
몸을 흔들어댄다
모진 풍상에 시달려 야위면서도 고통스러운
시련을 참고 견뎌낸 매화
그 꽃에는 푸른 빛 감도는 은장도의 서기 같은
함부로 넘볼 수 없는 깊이가 느껴진다
오백 년의 시공간을 뛰어넘어
조선 최고의 학자와 관기官妓의 짧지만
짧지 않은 지고지순한 사랑이야기가
주렁주렁 매달린 꽃숭어리마다 아롱거린다
그리움 한 점 지피지 못한 내 삶은
현상에 찌든 무성한 잡초들만 수북하다
그날이 그날인 밋밋한 일상을
심미적 아름다움으로 형상화하려면
아스라이 여울져 어리는
노을빛 추억거리를

가슴에 품어야 하지 않을까
지난날의 알싸한 슬픔에 젖어
여울물처럼 소리 내어 소용돌이치다가
잠잠히 가라앉기도 하는
그런 남모를 연정을
가슴에 품어야 하지 않을까
세월의 물살에 휩쓸려 떠내려가지 않고
구석진 기슭 어딘가에 묻힌
고요한 정적 같은 여백을
가슴에 품어야 하지 않을까
비가 오면 도지는 신경통처럼
후미진 길섶 어딘가에
가만가만 숨어 있다가도
시나브로 허공중에 피어오르는
아련한 회억을 가슴에 품어야 하지 않을까.

어화둥둥 내 사랑

– 안동 도산서원 매화꽃을 찾아서

나른한 봄이다. 쳇바퀴 같은 일상을 툭툭 분질러 보자기에 싸매 두고 길을 나선다. 낙동강변이 내려다보이는 길목에 한껏 고즈넉한 자세로 오백 년을 곱게 늙어온 도산서원, 그 고운 인연을 찾아간다. 청량산을 지나 서원으로 들어서는 마음이 요동친다. 입구에 들어서자 주인 없는 뜨락이 매화를 흐드러지게 피워 놓고 길손을 맞는다.

앞뜰에 빗물 고인 돌우물에 시선이 머문다. 우물 옆에 자리한 '열정' 이라는 비석도 눈길을 놓아주지 않는다. 그 위로 매화 꽃잎 하나 한가로이 유영한다. 우물 속으로 얼굴을 들이민다. 묵은 장처럼 곰삭은 세월의 냄새가 난다. 불현듯 보따리 하나 달랑 메고 무위자연의 삶에 귀의하고픈 욕망이 인다.

언덕에 올라 물색 고운 낙동강이 내다보이는 전교당에 이르자, '陶山書院' 이라 쓰인 고풍스런 현판이 오후의 햇살을 푸지게 쥚어지고 있다. 선조 임금이 당대의 명필 석봉 한호에게 친필 현판을 내린 편액 글씨이다. 그래서일까. 오랜

세월의 더께를 쓰고도 아직도 자획들이 선명하게 살아 그곳의 문패 구실을 하고 있다.

주위를 둘러본다. 사방이 매화꽃으로 우거져 있다. 산 너머 높새바람이 한차례 불어오자, 앞마당 매화나무는 연신 타래에 휘감긴 한풍을 털어내느라 몸을 흔들어댄다. 나뭇가지에 대롱대롱 매달린 연분홍 빛 꽃잎에서 비릿한 슬픔의 내음이 훅 끼쳐온다. 오색 꽃잎에서 뿜어져 나오는 비장한 기운에 취해 어지럼증이 일더니, 오백 년을 거슬러 아득히 먼 전생의 한 모퉁이에 다다른다.

그곳에도 매화꽃이 만발해 있다. 풍경이 예사롭지 않다. 주렁주렁 매달린 꽃숭어리마다 지나간 세월의 그림자가 아롱거린다. 나무껍질을 더듬으니 이끼 낀 오백 년 설화가 아릿아릿 손끝에 묻어난다. 필시 곡진한 사연이 있는 듯하다. 나는 나무를 얼싸안고 토닥토닥 달래어 지난 이야기를 다그친다. 가물가물 긴 세월 동안 피고 진 매화나무는 가슴속에 묻어둔 사연을 그렁저렁 끄집어낸다.

조선 명종 때 단양군수로 부임해 온 퇴계 이황 선생과 기생 두향과의 짧지만 긴 사랑이야기를 들려준다. 당시 두향의 나이는 열여덟이었고 선생은 마흔 여덟이었다. 나이와 신분을 초월한 이들의 만남은 겨우 열 달에 미치지 못했다. 선생이 풍기군수로 단양을 떠나야 했기 때문이다.

이별을 앞둔 마지막 밤, 두향은 술잔에 패랭이꽃 같은 사랑을 가득 담아 선생에게 건네고는 붓을 들어 시 한 수를 짓는다. "이별이 하도 설워 잔 들고 슬피 울 제 어느덧 술 다하고 님마저 가는구나. 꽃 지고 새 우는 봄날을 어이할까 하노라." 달빛 한 자락 베어 물고 시조 대목의 고비를 넘어가는 목울대에 물기가 서린다. 때맞춰 구슬프게 내리는 비는 가슴마저 흥건히 적신다. 도롱상투를 쓴 초침은 장삼자락을 휘날리며 이별을 희롱하고, 달무리 진 먹빛 하늘은 북새질하며 작별을 재촉한다.

산 뻐꾸기 슬피 울다 간 자리엔 그리움만 남아 애간장을 태운다. 산마루에

걸린 노을이 지고 나면 으스름 달빛만 쌓여 가슴을 시리게 한다. 골바람 스산스레 술렁일 때면, 텅 빈 마당에 바스락 소리만 들려도 자신을 찾아온 임인가 싶어 하염없이 바깥을 내다본다. 엷은 햇살이 가지 끝에 도르르 말린 새순을 풀무질해 대는 봄이 온들, 산등성이를 타고 내려온 계곡물 줄기가 초록의 향연을 돋우는 여름이 된들 임은 돌아올 줄 모른다. 소슬바람이 나뭇가지를 저으며 맑은 풍경 소리를 내는 가을이 온들, 흰 장삼을 걸치고 바라춤을 추듯 나부대는 꽃눈이 온 세상을 덮는 겨울이 된들 임은 돌아올 줄 모른다. 달빛 아래 풀벌레는 사랑 놀음에 밤을 지새우건만, 바람은 허한 마음을 우두둑 분질러 갉아댄다.

거꾸로 매달아도 가는 것이 세월이라 했던가. 열 달의 짧은 인연 뒤에 찾아온 그날 밤의 이별은, 이십 년 넘게 해후의 기미조차 보이지 않는 긴 별리로 이어졌다. 선생이 단양을 떠나던 날, 짐 속에는 두향이가 준 수석 두 개와 매화 분

하나가 있었다. 선생은 이 매화를 애지중지했다. 선생이 세상을 등질 때 마지막으로 한 한마디가 "매화에 물을 주어라" 하는 말이었으니, 선생의 매화 사랑은 숭고하기까지 하다.

어화둥둥 내 사랑 매화꽃이여! 단양에서 정분을 쌓았던 두향이가 이별의 정표로 준 매화 분이었으니 어찌 소중하지 않았으랴. 매화를 소재로 쓴 선생의 시가 무려 백여 수나 된다는데, 그게 다 마음속에 곱게 갈무리해 둔 두향을 품고 읊은 시가 아니겠는가. 도산서원에 있는 매화가 바로 그때 그 나무의 후손이라고 하니, 이는 도산서원이 외형 속에 숨겨둔 멋 속의 진미眞美가 아닐까 하는 생각이 든다.

이지러지지도, 모나지도 않은 오종종한 꽃잎이 참 옹골지다. 그 작은 몸집으로 설한풍에 오백 년 사랑을 떠받쳤으니 어찌 야무지지 않으랴. 모진 풍상에 시달려 야위면서도 고통스러운 시련을 참고 견뎌낸 매화, 그 꽃에는 푸른 빛 감도는 은장도의 서기 같은 함부로 넘볼 수 없는 깊이가 느껴진다.

도산서원에서 말년을 지내던 선생에게 두향은 인편으로 난초를 보내왔다. 단양에서 함께 기르던 난초임을 단번에 알아차린 선생은 그날 밤새도록 잠을 이루지 못하더니, 앞뜰 우물물을 손수 길어 두향에게 전한다. 두향은 두레박 가득 선생의 애틋한 사랑이 담긴 그 물을 마시지 아니하고 달빛 아래 선생의 건강을 비는 정화수로 소중히 다루었다.

그러던 어느 날 쪽빛이 핏빛으로 물들자, 두향의 목울대가 요동친다. 선생의 임종을 직감한 게다. 오호통재라, 하늘도 무너지고 땅도 간데없다. 시린 가슴 안고 등줄기 휘어진 능선 따라 산 넘고 여울물 지나 큰물 진 낙동강 하류를 거

쳐 선생의 집에 찾아든다. 신분을 밝힐 수 없는 처지인지라, 그저 먼발치에서 고개 숙여 절을 올려야 했으리라. 가까이 있으면서도 멀찍이 바라보아야 하는 인연이 애달프다. 꺼억꺼억 슬픔을 머금고 오던 길을 다시 되돌아가야 했던 걸음마다 눈물이 자욱자욱 고였으리라. 단양으로 돌아온 두향은 가야금 열두 줄을 강선대에 올려놓고 붉게 고인 그리움을 사려안고는 강물에 뛰어든다. 나이와 신분을 초월한 운명적인 사랑, 그저 먼발치에서 지켜볼 수밖에 없는 애틋한 사랑이 내 가슴으로 전해져 생인손 앓듯 아려온다.

그 후 문장가 이광려는 그리움에 망울진 그의 절개를 기리는 시 한 수 지어 목 놓아 조문하고, 노산 이은상도 강 따라 강물이 된 설운 넋을 달래며 애통한 정한을 위무해 주었다. 선생과 두향은 역사 속에 묻혔지만, 매화꽃잎으로 피어

난 이들의 동침은 오백 년 동안 꺼지지 않고 이어져 온 것이다. 나는 부식되지 않은 그들의 순정이 매화꽃 송이 송이마다 고스란히 남아있음을 보고, 무딘 붓을 잡아 한 편의 수필을 마련하여 뜨겁고도 쓸쓸한 위로를 보낸다.

오백 년의 시공간을 뛰어넘어 조선 최고의 학자와 관기官妓의 짧지만 짧지 않은 지고지순한 사랑이야기는, 오늘날의 메마른 냄비사랑을 뭉근히 익혀준다. 그믐달 빛 한 줌에도 부러질 듯한 가냘픈 현대인들의 정조가 한없이 부끄럽게 다가온다. 사전 속에서나 찾을 수 있는 고어가 된 오백 년이란 단어가 더 애틋한 감정을 불러일으킨다. 그래서일까, 마른 땅에 빗물이 스며들 듯 서서히 익혀지는 그런 뭉근한 사랑이 못내 그립다.

그럴 때면, 나는 안동 도산서원을 가고 가고 또 간다. 산기슭 여기저기에 꽃 보자기를 푸짐하게 풀어놓는 봄에도 가고, 초록 잎새를 등에 인 계곡의 물소리가 시원스레 비질하는 여름에도 간다. 붉은 치맛자락 입에 물고 술대를 스친 바람이 가지 위에서 널뛰는 가을에도 가고, 잎도 꽃도 다 진 앙상한 나신으로 삭풍을 맞으며 묵상하는 겨울에도 간다. 아니다. 어쩌면 나는 매화꽃에 서려있는 고귀하고 지고지순한 그들의 사랑을 훔치려 가는지도 모른다. 그들 사랑의 온기를 받아 삭막해진 가슴 한 자락을 데우려 가는지도 모른다.

그리움 한 점 지피지 못한 내 삶은 현상에 찌든 무성한 잡초들만 수북하다. 그날이 그날인 밋밋한 일상을 심미적 아름다움으로 형상화하려면 아스라이 여울져 어리는 노을빛 추억거리를 가슴에 품어야 하지 않을까. 지난날의 알싸한 슬픔에 젖어 여울물처럼 소리 내어 소용돌이치다가 잠잠히 가라앉기도 하는 그런 남모를 연정을 가슴에 품어야 하지 않을까. 세월의 물살에 휩쓸려 떠내려가지 않고 구석진 기슭 어딘가에 묻힌 고요한 정적 같은 여백을 가슴에 품어야 하지 않을까. 비가 오면 도지는 신경통처럼, 후미진 길섶 어딘가에 가만가만 숨어 있다가도 시나브로 허공중에 피어오르는 아련한 회억을 가슴에 품어야 하지 않을까.

사랑, 사랑, 사랑, 사랑이 넘쳐나는 세상에서 사랑이 없다고 누가 말했던가. 세상사 온통 과속을 달리는 일회용투성이다 보니, 사랑도 그러하다는 말일 게다. 손만 까딱하면 온 세상이 펼쳐지는 휴대폰이 있고 인터넷이 있는 한, 참고 기다리는 애틋함이 묻어날 리 만무하다. 열 번 찍어 안 넘어가는 나무 없다지만, 속도의 시대에 살고 있는 현대인들은 서둘러 전기톱부터 들이댄다. 내남없이 표피적이고 말초적인 것을 추구하다 보니, 금세 활활 달아올랐다 싸늘하게 식어가는 양은솥 같은 사랑이 길거리에 범람하고 있다.

그래도 나는 꿈꾸기를 멈추지 않을 것이다. 대중가요만큼이나 식상한 그 흔하디흔한 사랑이라도 신물나게 해보고 싶다. 꽃봉오리가 축포처럼 펑펑 터질 때면, 신들림 같은 지독한 사랑에 흠뻑 젖어들고 싶다. 돌아서면 그림자 지고 바라보면 꽃잎처럼 흩날릴지언정, 독한 술 같은 그런 잔혹한 사랑에 내 영혼을 오롯이 내맡기고 싶다. 이루어질 수 없는, 제자리에 돌려주어야 할, 꽃잎처럼 허망하게 지는 사랑인들 어떠하리. 가슴에 남모를 연정을 품고 광란의 춤을 추며 샛노랗게 익어간들 어떠리.

어느덧 머리 위로 오백 년 묵은 사랑이 꽃비처럼 쏟아져 내린다. 꽃비에 흠뻑 젖어 오백 년의 속 여문 사랑 한 덩이를 듬쑥 베어 물고 호기롭게 서원을 나선다.

바다

철썩철썩 쏴아
어깨 너머로 초록빛 바다가 출렁댄다
거친 세상바람이 구멍 난 인생을 스칠 때면
일상을 냅다 가로질러 바다를 찾는다
제 키를 훌쩍 웃도는 절망의 질곡에서
엎어져 꼬부라질 때도
긴 언덕길을 올라 바다로 향한다
비릿한 갯내음에 묵은 갈증을 달래듯
눈앞에 들어선 바다의 웅대한 위용을
내 안으로 쟁여 넣는다
물속을 들여다본다
삶에 지쳐 허둥대다 속절없이 시들어버린
인생의 허무가 비친다
곰실거리는 물결 위에다
삶, 고뇌, 애증 따위의 어휘들을 떠올리다 보면
금세 마음자락에 이슬이 맺힌다.

비나리

바다는 늘 젖어있다. 항시 축축하다.

철썩철썩 쏴아, 어깨 너머로 초록빛 바다가 출렁댄다. 언젠가 내 어머니가 보퉁이 안에 담아온 낯익은 바다가 아니던가. 태반 같은 둥그런 봇짐 속에 저 푸르른 바다를 이고 세상 밖에서 허우적대는 딸에게 챙겨준, 바로 그 바다가 아니던가. 그래서일까. 기쁠 때나 슬플 때나 내 안에는 꺼지지 않는 바다가 샘물처럼 고여 있다.

거친 세상바람이 구멍 난 인생을 스칠 때면 일상을 냅다 가로질러 바다를 찾는다. 제 키를 훌쩍 웃도는 절망의 질곡에서 엎어져 꼬부라질 때도, 긴 언덕길을 올라 바다로 향한다. 비릿한 갯내음에 묵은 갈증을 달래듯, 눈앞에 들어선 바다의 웅대한 위용을 내 안으로 쟁여 넣는다.

물속을 들여다본다. 삶에 지쳐 허둥대다 속절없이 시들어버린 인생의 허무가 비친다. 곰실거리는 물결 위에다 삶, 고뇌, 좌절……, 따위의 어휘들을 떠올

리다 보면 금세 마음자락에 이슬이 맺힌다.

짙푸른 바다 속으로 첨벙첨벙 마음을 담근다. 몇 번의 들숨날숨만으로도 시퍼런 정기를 다 보듬은 듯, 생활에 조여든 숨통이 트인다. 나는 쪽빛 바다와 검푸른 파도를 인질로 삼아 내 속을 갉아댄 까끄라기들을 물속에다 내던진다. 차르르 차르르, 아리고 쓰린 통곡의 세월이 파도에 쓸려간다. 군데군데 긁히고 흠집난 생채기도 바다자락 아래로 떨구어져 나간다.

파도가 득달같이 해면을 내달린다. 까딱 까딱 물속을 자맥질하며 먼 여독을 바위에다 세차게 부려놓는다. 꽉 막혀 있던 응어리가 한꺼번에 뚫리는 듯, 닫힌 마음에서 시원스레 회오리바람이 인다. 순간 거대한 멍석말이로 밀려왔다 소쿠라지는 포말의 잔해가 서늘하게 다가온다. 그 먼 길을 단숨에 달려온 것이 일순간의 내려놓음이라니, 어찌 보면 사람살이와도 닮았다는 생각이 들어서이다.

수평선 너머 비를 머금은 먹구름이 자욱이 몰려온다. 사위는 갯벌처럼 거무튀튀하다. 조용하던 바다가 굉음을 울리며 울렁댄다. 바람의 억센 손아귀에 휘감긴 파도가 세차게 바다를 덮친다. 성난 태풍에 내몰린 바다가 휘청거리며 원죄 같은 시련에 시달린다. 파도는 허연 이를 드러내며 시퍼렇게 멍든 바다를 연신 후려친다. 바다는 이내 사멸의 냄새가 배어든 광란의 각축장이 된다.

처얼썩 처얼썩 쏴아아, 바다가 가쁜 숨을 몰아쉬며 요동친다. 뱃고동 소리보다 더 크게 포효하는 바다가 밤새 목쉰 울음을 토한다. 얼마나 많은 아픔과 고난을 겪었기에 저리도 모질게 입 안 가득 소금을 물고서 꺼억꺼억 울분을 삼키는 걸까. 싸한 해풍에 바다의 외로움이 밀려와 가슴속 깊이 여울진다. 이제서야

바닷물이 짠 연유를 알 것 같다. 멍든 아픔을 수장한 바다가 남몰래 흘린 눈물이 고여 소금물로 되었으리라. 무적함대가 지나가도 움쩍 않던 바다라고 삭혀내는 고통인들 없었으랴. 바다의 깊고 푸른 속내를 들여다보니, 내 눈물이 얼마나 하찮고 초라한지 그만 얼굴이 화끈 달아오른다.

바다가 너울너울 춤을 춘다. 검푸른 치맛자락이 마파람에 건들거리자, 신이 난 철부지 파도는 텀벙텀벙 물 밖으로 튀어 오르며 바다를 자맥질한다. 찰싹대는 물소리가 바다생물들의 갈맷빛 숨소리로 전해온다. 태고 이래로 한 번도 쉬지 않고 억만의 생명을 키워온 푸른 고행에 내 마음마저 숙연해진다. 나는, 맨몸으로 모진 한파와 땡볕 더위를 등에 인 바다의 비릿한 짠 내음을 깊이 들이마시며 두 손 모아 합장한다.

저녁 해가 뉘엿뉘엿 수평선 아래로 기운다. 바다는 붉은 빛으로 잠시간 요동치더니 이내 거칠었던 숨결이 잦아들며 버거웠던 하루를 여민다. 하늘은 채색 구름 꽃을 피우고, 바다는 쪽빛으로 물든 풀꽃을 피워 푸른 어둠이 자욱한 하늘을 마중한다. 나는 수평선 너머로 아슴아슴 지는 성자의 임종을 바라보며, 석조에 타는 붉은 가르침을 내 가슴 안으로 쓸어 담는다.

사람과 바다는 멀리서 보라고 했던가. 지척에서 보는 삶은 통증만 자욱할 따름이다. 저 너머 들판에 허리 굽힌 농부가 평화롭게 다가오는 것은, 멀찍이 물러서서 삶을 관조하기 때문이리라. 사람들이 바다를 찾는 연유도 이와 같지 않을까. 멀리서 보아 아름답다면, 그 속내야 어떠하든 구태여 보퉁이를 헤집어 세밀한 실체까지 꺼낼 필요가 있을까. 삶이란 겪는 사람의 몫이지 바라보는 사람의 차지는 아니기에, 복잡하고 아프기는 내남없이 마찬가지 아닐까.

수평선으로 테두리 쳐진 거대한 궁륭 위에 한 점으로 소멸되던 배가 뭍으로 끌려나온다. 고래 같은 덩치에 흠씬 놀라 뒷걸음친다. 인간의 피조물조차 바다에서 위엄을 드러내지 않고 자신을 낮추는데, 인간은 바다를 향해 고개를 조아리지 않는다. 바다는 굽은 등을 펴고 처진 어깨를 곧추세워 사람을 일으키지만, 한사코 그의 눈높이 아래에서 일렁인다. 그럼에도 수평선 너머의 아우성들을 내치지 못해 갈맷빛 물그림자에 발목만 겨우 적시는 나를, 바다는 얼마나 안쓰러워할까.

그러한 바다는 입은 없고 귀만 있는 갯바위 부처 같다. 육신이 부서지는 푸른 고행으로 인해 아픔을 겪는 자들의 세정을 속속들이 헤아린다. 파도가 모래

성을 쓸어가듯, 바다는 갯물에 젖은 소금기 밴 짜디짠 삶의 고랑들을 하나씩 지워낸다. 화닥화닥 달아오른 한여름의 열기와 휘이익 몰아치는 설한의 얼어붙은 상흔들이 희미한 그림자 되어 내 안에서 묽어진다. 바다는 자질구레한 시름으로 산화된 나의 영혼을 소생시켜준다. 나는 광활한 바다를 통해 대자연의 가없는 너그러움과 웅숭깊은 겸허를 온몸 가득 싣는다.

구름 사이로 통통하게 잘 여문 붉은 햇덩이가 쑤욱 솟아오른다. 쇳물을 끓여 부은 듯한 장려한 성찬을 두 눈 가득 주워 담는다. 어영차, 어기차, 바다는 뜨거운 용광로가 되어 내 인생을 새빨갛게 풀무질한다. 순간 새로운 장이 드르륵 열린다. 가슴속에 응어리진 사연들이 빗장을 풀고 세상 속으로 잠입한다. 파도의 뒤엉킴이 흩어진 내 안의 바다는 천지가 창조되던 날의 정적으로 돌아간다. 도나캐나 다 내어주고 비워낸 바다의 무구한 헌신과 무주상보시를 한 바구니 그득히 담고서 허리 굽혀 비나리한다.

"바다여, 바다여, 쪽빛 부처님이시여!"

봄의 향취

비릿한 꽃내음 쫓아
봄산을 오른다
아지랑이 몽실몽실 피어오르는
산마루가 〈도화원기〉에 나오는
무릉도원인 양 몽환적이다
텅 빈 숲에서
부스럭대는 분주한 움직임이
온 산을 들쑤신다
새들은 나무그네를 타며
지지배배 지저귀고
가지 끝에 도르르 말린 새순은
파릇파릇 움이 돋고
연둣빛 햇살은
봄꽃을 거푸거푸 풀무질해 댄다
만개한 봄꽃들이
온 산야에 꽃불을 지핀다

꽃물 든 산이

꽃향기를 타래에 감아 지천으로 흩뿌린다

이월의 엷은 햇살에도

봄이 울긋불긋 화사하게 여물어간다

전날의 죽음을 딛고 일어선

위대한 부활의 몸짓이다

내 몸에도 봄물이 들어

연녹색 기운이 몽글몽글 피어오른다.

여름 산

초록이 불타는 여름 산을 오른다
산등성이를 돌아
유유히 골짝을 비켜가는
바람마저 초록이 짙다
숲속을 비집어든
꼬장꼬장한 햇살이
울그락불그락 홍조 띤 얼굴로
마구 빛줄기를 뿌려댄다
땡볕을 푸짐하게 짊어진 숲에서
풀 향기가 훅 끼쳐온다
여름 초록들이
시끌버끌 낭자하게 흥청댄다
맥이 끊긴 듯 잦아들다가도
돌연 어긋버긋 호벅지게 농익은 꽃사태가
구성진 풍물마당굿을 보는 듯
신명을 돋운다
울창한 수목들이 늘어선
숲길을 걷는다
숲의 청량한 정기를 받아

어둡고 탁한 기운을 뱉어내고
허파자루에 짙푸른 산기운을
욕심껏 채워 넣는다
산정을 휘돌아
골짝으로 내달리는 바람을 따라가니
계곡물 소리가 마중한다
콸콸콸
시원스레 흘러내린 둥근 물소리가
세속에 찌든 시커먼 영혼을 비질하여
선의 경지에 들게 한다
초록의 묵향에
내 몸은 이미 숲이 된다
수목이 우거지고 냇물이 흐른다
구름이 떠가고 새들도 날아다닌다.

가을 숲

붉은 치맛자락을 입에 물고
가파른 가을산을 오른다
나뭇가지가
산비탈을 에두른 바람을 저으며
사라락사라락 풍경소리를 낸다
숲대를 스친 바람이
가지 위에 걸터앉아
간들간들 자진모리 장단에
음색 고운 휘파람소리로 화답한다
가을 숲에 결 고운 햇살이 비껴든다
통통하게 잘 여문 햇살이
나뭇가지에다 마른 똥을 눈다
마디 굵게 쑥쑥 자란 가지마다
실하게 열매가 영글어간다
풍성한 가을이
가지에 매달려 붉게 고동친다
오색으로 물든 단풍잎새들의 쥐불놀이에
가을은 한층 더 농익어 간다

누렇게 망울진 가을이
하르르 묵은 잎을 떨구며 임종한다
정성들여 채우고
적기에 비워내는 슬기가
한 생의 권세와 부귀영화도
덧없음을 일깨워준다.
사월의 꽃 잔치가 유난하고
오월의 신록과 유월의 녹음도 짙푸르지만,
자신을 아낌없이 불태워
자양분으로 돌아가는 낙엽만큼
거룩한 삶이 또 있을까.

겨울 나무

삶의 궁극적인 가치는
단순함에 있다.
단맛보다는 쓴맛이,
쓴맛보다는 담담한 맛이
더 높은 차원에 있듯이,
요란한 치장으로 분답한 소리를
단출하게 벗겨낸 무덤덤한 비움은
가히 도의 경지라고 말할 수 있지 않을까
동양화가 북적대지 않으면서도
무언가 신비로운 여운이 느껴지는 것은
미완성의 공간 때문이리라
잎을 다 떨구어 낸
겨울나무의 텅 빈 단순함을 깨닫는 날까지

내 영혼은
깊은 자숙의 시간 속으로 침잠하려 한다
문명에 미화된 자아를
자신의 참모습인 양 여겼던
허상의 거품을 걷어내고,
잡다한 세상살이에서 오는
들끓던 마음도 퇴마의식 하듯 쫓아낸다.

사계

태초의 빛줄기를 지펴 산문山門이 드르륵 열린다. 산들이 병풍처럼 사방을 에워싸고 주름 깊은 골에서 우쭐우쭐 원무를 춘다. 산 입구에 들어서니 아름드리 장대한 수목들이 가지를 한껏 벌려 산객을 마중한다.

산은 사람들을 불러 모으는 주술적인 힘이 있다. 사람들은 사시장철 산을 찾고 또 찾는다. 퍼석한 대지 위에 아지랑이 봄물 돋는 봄에도 그러하고, 진초록 잎새들이 긴 그늘을 드리우는 여름에도 그러하다. 코스모스의 하늘거림이 넘실대는 가을에도 그러하고, 눈 덮인 바위에 적막이 고드름지는 겨울에도 그러하다.

비릿한 꽃내음 좇아 봄 산을 오른다. 아지랑이 몽실몽실 피어오른 산마루가 〈도화원기〉에 나오는 무릉도원인 양 몽환적이다. 텅 빈 숲에서 부스럭대는 분주한 움직임이 온 산을 들쑤신다. 새들은 나무그네를 타며 지지배배 지저귀고, 가지 끝에 도르르 말린 새순은 파릇파릇 움이 돋고, 연둣빛 햇살은 봄꽃을 거푸

거푸 풀무질해댄다.

만개한 봄꽃들이 온 산야에 꽃불을 지핀다. 꽃물 든 산이 꽃향기를 타래에 감아 지천으로 흩뿌린다. 이월의 엷은 햇살에도 봄이 울긋불긋 화사하게 여물어 간다. 전날의 죽음을 딛고 일어선 위대한 부활의 몸짓이다. 내 몸에도 봄물이 들어 연녹색 기운이 몽글몽글 피어오른다.

초록이 불타는 여름 산을 오른다. 산등성이를 돌아 유유히 골짝을 비켜가는 바람마저 초록이 짙다. 숲속을 비집어든 꼬장꼬장한 햇살이 울그락불그락 홍조 띤 얼굴로 마구 빛줄기를 뿌려댄다. 땡볕을 푸짐하게 짊어진 숲에서 풀 향기가 훅 끼쳐온다. 여름 초록들이 시끌버끌 낭자하게 흥청댄다. 맥이 끊긴 듯 잦아들다가도 돌연 어긋버긋 흐벅지게 농익은 꽃사태가 구성진 풍물마당굿을 보는 듯 신명을 돋운다.

울창한 수목들이 늘어선 숲길을 걷는다. 숲의 청량한 정기를 받아 어둡고 탁한 기운을 뱉어내고, 허파자루에 짙푸른 산기운을 욕심껏 채워 넣는다. 산정을 휘돌아 골짝으로 내달리는 바람을 따라가니 계곡물 소리가 마중한다. 콸콸콸 시원스레 흘러내린 둥근 물소리가 세속에 찌든 시커먼 영혼을 비질하여 선의 경지에 들게 한다. 초록의 묵향에 내 몸은 이미 숲이 된다. 수목이 우거지고 냇물이 흐른다. 구름이 떠가고 새들도 날아다닌다.

산주름이 깊어가는 골짝 사이로 여름이 이지러진다. 하늘은 잠시간 붉은 빛으로 요동치더니 푸른 어둠속으로 둥지를 튼다. 해가 준령 뒤편으로 스러지자, 어둠의 장막이 온 숲을 뒤덮는다. 어둠이 내려앉은 산등성이 위로 총총한 별무리가 초롱불을 밝힌다.

붉은 치맛자락을 입에 물고 가파른 가을 산을 오른다. 나뭇가지가 산비탈을 에두른 바람을 저으며 사라락사라락 풍경소리를 낸다. 술대를 스친 바람이 가지위에 걸터앉아 간들간들 자진모리장단에 음색고운 휘파람소리로 화답한다.

가을 숲에 결 고운 햇살이 비껴든다. 통통하게 잘 여문 햇살이 나뭇가지에다 마른 똥을 눈다. 마디 굵게 쑥쑥 자란 가지마다 실하게 열매가 영글어간다. 풍성한 가을이 가지에 매달려 붉게 고동친다. 오색으로 물든 단풍 잎새들의 쥐불놀이에 가을은 한층 더 농익어 간다.

누렇게 망울진 가을이 하르르 묵은 잎을 떨구며 임종한다. 정성들여 채우고 적기에 비워내는 슬기가 한 생의 권세와 부귀영화도 덧없음을 일깨워준다. 사월의 꽃 잔치가 유난하고 오월의 신록과 유월의 녹음도 짙푸르지만, 자신을 아낌없이 불태워 자양분으로 돌아가는 낙엽만큼 거룩한 삶이 또 있을까.

서리꽃이 핀 가난한 겨울 산을 오른다. 겨울 산은 맵디매운 세월을 인고로 다스린 허리 굽은 노옹 같다. 바람이 휘이익 추임새를 넣으며 가파른 산정을 넘는다. 자잘한 나무들은 자지러지는 장구소리로 세월을 갉아내고, 늙은 낙엽송은 밑동까지 흔드는 깊은 징소리로 세월을 보듬는다. 흰 장삼을 걸치고 바라춤을 추듯 나부대는 꽃눈이 치렁치렁 늘어진 굿거리장단에 꼬불길 따라 쌓여간다. 잔설을 휘감은 흰 몸피를 바깥바람에 드러낸 채 침묵으로 수도修道하는 선정의 자세에 절로 옷깃이 여미어진다.

설산을 걷는다. 개울을 건너고 산모롱이를 돌아 가파른 고갯마루를 넘으니, 산등성이에서 엇박자의 폭설이 와르르 쏟아진다. 생의 매 단락마다 비바람 몰

아치고 진눈개비 흩날리던 세월도 데굴데굴 굴러간다. 마지막 마디에서 툭 끊겨버린 생의 휘몰이가락을 부려놓고서야 겨울 산을 내려온다. 게걸스럽게 탐하지도, 요란하게 겉멋을 내지 않고서도 있는 그대로를 품는 혜안을 가진 한 그루 나목이 되어 높은 산을 내려온다.

산의 사계를 통해 온 우주를 보았다. 봄에는 생명이 돋고, 여름에는 녹음이 우거지고, 가을에는 단풍이 들고, 겨울에는 나목으로 깊은 묵상에 든 산을 두루두루 주유하였다. 산은 신이 도심에 심어둔 에덴동산이다. 삭막한 도심 속에서 풍요로운 자연을 만끽할 수 있다는 것은 인간을 긍휼히 여긴 신의 사려 깊은 배려임에 틀림없으리라. 이렇게나마 산을 가까이 두어 도시인들의 척박한 영혼의 텃밭에 청량한 물꼬를 터주는 신의 은총이 가히 눈물겹다.

양지바른 둔덕, 풀꽃방석에 앉아 산의 속살이야기를 듣는다. 거기에는 한 권의 책보다 더 많은 얘깃거리들이 실려 있다. 사람들은 산 전체를 볼 수 없지만, 산은 높은 곳에 정좌하여 세상풍경 하나하나를 훤히 내려다본다. 그러면서도 어찌나 과묵한지 이러쿵저러쿵 말이 없다.

개발이라는 덕목으로 산허리를 뭉턱뭉턱 잘라 그 자리에 시멘트를 채운들, 미간조차 찡그리지 않고 묵묵히 침묵한다. 잡다한 세속문화가 밀려와 산속에다 마구 속진을 털어댄들, 언성 한번 내지르지 않고 조용히 묵상한다. 서슬 퍼런 전기톱으로 몸통 굵은 고목들이 베어진들, 애통함마저 안으로 삭히며 잠잠히 묵념한다.

삼국사기를 펼쳐보면, 한 나라가 망하는 것은 숲이 뭉개지고 난 후 생긴 현상이라고 기록되어 있다. 산림이 황폐화되면, 산사태가 일어나고 기후이변으

로 흉년이 이어지고 민심은 흉흉해지며 국력은 급락하게 된다. 마야문명도 그렇게 멸망했고, 찬란한 문화를 꽃피웠던 메소포타미아가 사막으로 바뀌게 된 것도 산림을 거덜내었기 때문이다. 한 그루의 나무가, 한 줄기의 물굽이가, 한 덩이의 바위가 생태계를 떠받드는 굄돌임을 잊을 때가 얼마나 허다하던가.

산이 운무를 뚫고 하늘로 솟구친다. 하늘은 장엄한 위엄으로 세상을 내려다보고, 산은 하늘의 지고한 질서를 해바라기한다.

고개를 젖혀 하늘을 우러러본다. 나도 하늘의 이치를 내 안에 담아 둥그런 동심원으로 산의 사계를 여민다.

똥

으매, 허벌나게 잘 생겼부러이
방금 해산한 야무지게 찰진
사내놈을 내려다본다
보면 볼수록 어찌나 기특한지
연신 헤벌레해진 입은
다물어질 줄 모른다
아직도 구수한 훈김을
봉긋봉긋 피워 올리는 고것이
가부좌를 튼 아기동자 같아
얼른 아랫도리를 추스르고
머리를 조아려 절을 올린다
지속적인 힘씀으로
묵직한 뒤의 급박한 과제를
가차 없이 처리하고 나니

천하의 변강쇠도 부럽지 않다
팔공산만 한 엄청 큰 무더기 하나
털버덕 떨어뜨리고
유감없이 닫히는
항문 괄약근의 탄력감은
장쾌한 생명의 환희다
허공을 박차고 오르는
매의 날갯짓 못잖은 후련함에
영혼마저 가뿐해져 온다.

똥

으매, 허벌나게 잘 생겼부러이.

방금 해산한 야무지게 찰진 사내놈을 내려다본다. 보면 볼수록 어찌나 기특한지 연신 헤벌레해진 입은 다물어질 줄 모른다. 아직도 구수한 훈김을 봉긋봉긋 피워 올리는 고것이 가부좌를 튼 아기동자 같아, 얼른 아랫도리를 추스르고 머리를 조아려 절을 올린다.

일전 어느 뷔페식당의 모임에서였다. 이것저것 요란한 냄새로 꼬리치는 먹거리에 잔뜩 욕심을 부린 나는, 마치 걸신이라도 들린 양 허겁지겁 마구 쑤셔 넣었다. 아니나 다를까. 뱃속에서 싸늘한 통증이 전해지면서 온몸이 오그라들었다. 우르릉 쾅쾅 꾸르르륵 오만 가지 잡소리가 뱃가죽을 두드려댔다. 겉치레만 야단스런 얄궂은 음식을 주는 대로 받아먹던 장腸이 요지경에 빠져 허우적대며 요동을 일으켰다. 아마도 엉망으로 뒤섞여 서로 제 잘난 척 으스대며 영역다툼을 벌이는 모양이었다. 그러더니 아직 채 삭지 않은, 덜 여문 것들이 주인

의 만류에도 불구하고 무작정 입구까지 밀어닥치는 게 아닌가. 부들부들 떨며 온 힘을 다해 괄약근에 기를 넣어 일주문을 지키라고 명 내리지만, 승산 없는 방어였다.

사태가 예사롭지 않음을 직감한 나는 화장실로 다급히 뛰어갔다. 그리고는 막혔던 똥꼬에서 오물이 폭포수처럼 터져 나오기를 기대하며 쪼그려 앉았다. 뿌지찍, 뿌지지지찌익……. 쌓인 노폐물들이 아직 다 빠져나오지 못했는데, 창자는 연신 능청을 떨며 뜸만 들이고 있다. 똥도 주인의 얄팍한 속셈을 알아차렸는지, 몸에서 나오는 일에 저렇게 유세를 부려대니 뱃속이 편할 날 없다. 하기사 요즘처럼 어딜 가도 모양만 그럴싸한 국적불명의 괴이한 음식이 난무하는 판에, 똥인들 성할 리 있겠는가.

시간이 얼마나 지났을까. 변기 위에 얹힌 엉덩이는 제 주인의 고역에도 아랑곳 않고 제 몸뚱이 저리다며 쌜쭉댄다. 기가 차고 코가 막힐 노릇이다. 이마에선 연신 식은땀이 흘러내린다. 다시 한 번 정신을 가다듬고 항문에 기를 모아 힘을 준다.

그때였다. 드디어 망할 놈이 빠져나왔다. 매끈하게 잘 빚어진 황토색 반죽이 한참 쏟아졌다. 지속적인 힘씀으로 묵직한 뒤의 급박한 과제를 가차 없이 처리하고 나니 천하의 변강쇠도 부럽지 않았다. 팔공산만 한 엄청 큰 무더기 하나 털버덕 떨어뜨리고 유감없이 닫히는 항문 괄약근의 탄력감은 장쾌한 생명의 환희다. 허공을 박차고 오르는 매의 날갯짓 못잖은 후련함에 영혼마저 가뿐해져 왔다.

시대가 좋아진 건지, 주위를 둘러보면 날로 다양해져 가는 먹을거리에 입이

다물어지지 않을 때가 허다하다. 심미적인 안목을 고려한 듯 외장을 보기 좋게 치장하고 세련미까지 갖춘 데 반해, 거리마다 눈에 띄는 것은 항문질환 병원이다. 모름지기 들어온 곳이 있으면 나가는 길이 있어야 탈이 없거늘, 배출하지 못하면 병이 생기기 마련이다.

얼마 전 인터넷에 떠돌던 흥미로운 기사가 생각난다. 미국의 어느 연구소에서 밝힌 보고서에 따르면, 지난 오십 년 간 자국민들의 똥의 양이 절반으로 줄어들었다고 한다. 대신, 고혈압이나 당뇨, 비만과 같은 내과 질병이 급격히 늘어났다고 하니, 윤기 자르르 흐르는 때깔 고운 음식이 외려 독毒이 된 셈이다.

똥은 안에서 잘 삭혀진 승화물이다. 그런 똥은 토종구렁이 똬리 틀 듯 모양새가 가지런하며 냄새 또한 은근하다. 똥을 눈 후에도 내장이 깨끗이 비워졌다는 가뿐한 공복감에 상쾌한 기분을 느낄 수 있다. 그렇지 않고 덜 여문 상태로 배설된다면, 뱃속에서 뭔가 단단히 탈이 난 게 분명하다. 겉치레가 야단스런 음식을 먹다보면 안에서 덜 삭아 소리만 요란한 대포똥을 싸대기 일쑤다. 엉덩이를 걸치고 소똥 누듯 시원하게 몇 덩이를 쏟아낼 때면 가뭄에 찌든 산천이 비를 만난 것만큼이나 통쾌할 게다. 배변으로 고생하는 사람들에게 이런 건강한 쾌변을 보는 것은 신의 은총이나 다름없다.

배설작용만큼 단시간 내에 자신의 삶을 되돌아보게 하는 인간 행위가 또 있을까. 가장 누추한 형이하학적인 상황에서 비움과 단순함에 대한 고차원의 형이상학적인 화두를 이끌어 낼 수 있으니 말이다. 두어 평 채 안 되는 좁은 공간에 들어앉아 볼일을 보는 동안, 욕심을 줄이고 되도록이면 간소하게 살아야겠다는 다짐이 선다.

128
20

이런 생각의 생각들이 지구 한 바퀴를 돌 즈음, 여태껏 내가 써 놓은 글들이 뇌리를 스친다. 순간 얼굴이 화끈 달아오른다. 지나치게 화려한 미사여구로 마구 긁적대다 보니, 걸핏하면 설사를 만나 알맹이가 빈 묽은 똥만 싸댔던 것 같아서이다. 뾰족구두 신은 아가씨마냥 겉 맵시에 신경 쓰다 보니, 내 글은 덩치만 크지 속이 빈, 웃자란 어휘들로 넘쳐나 있었던 게다. 한 해를 묵묵히 견디다 고적한 가을이 되어서야 살포시 피는 길가의 들국화 같은 뭉근한 소박함이 없었던 게다. 하물며 물결 같은 잔잔한 감동이 있을 리 만무하다.

영화 '서편제'에서 아버지 유봉이 딸 송화에게 건네는 대사가 떠오른다.

"서편제란 말이다, 사람의 가슴을 칼로 저미는 것처럼 한이 사무쳐야 되는데 네 소리는 이쁘기만 하지 한이 없제. 사람의 한이라는 것은 한평생 살아가며 응어리지는 것이여. 살아가는 일은 한을 쌓는 일이고, 그 한을 넘어서야 뎌."

한이 깊어야 제대로 된 소리가 나오거늘, 잔 기교를 잔뜩 부린 송화의 소리는 부려浮麗하기만 할 뿐, 가슴을 흥건히 적시는 여운이 없다며 아버지 유봉은 딸을 책한다. 소리의 완성에 못내 아쉬워하던 유봉은 멀쩡한 딸을 눈멀게 하여 자신의 대를 잇는 소리꾼으로 만든다. 그 이후 눈 뜬 장님이 된 송화는 기구한 삶을 살아오면서도 그 한에 묻히지 않고 그것을 넘어선 득음의 경지에 이른 소리장이로 거듭난다.

모든 예술의 궁극적인 가치는 단순함에 있다고 한다. 한이 깊다는 것도 결국엔 비움과 단순함의 귀결이 아닐까. 단맛보다는 쓴맛이, 쓴맛보다는 담담한 맛이 더 높은 차원에 있듯이, 요란한 치장으로 분답한 소리를 단출하게 벗겨낸 무덤덤한 비움은 가히 도의 경지라고 말할 수 있지 않을까.

이러한 단순함은 비단 동양에서만 찾아볼 수 있는 미학은 아니다. 세계적인 화장품기업인 랑콤이 젊은이들에게 주는 조언은 가히 귀담을 만하다. 그들은 복잡한 현상을 단순화하는 능력이 치열한 경쟁사회에서 지향해야 할 전략이라며 재차 강조해 댄다. 거기다가 시대를 대표하는 디자이너인 프라다와 요지 야마모토 그리고 질 샌더도 한몫 거들어, 화려하고 거추장스러운 장신구를 걷어낸 단순하고 간결한 문양들을 패션계에 선보이고 있다. 아마도 그들은 간소하고 소박한 옷차림이 외려 품위가 있음을 이미 꿰뚫고 있었으리라.

세상살이가 이러할진대, 내 글은 여전히 요란한 멋을 내려 하니 언제쯤이면 큰 깨달음 얻어 진정한 글쟁이로 거듭날 수 있을지 그저 막막하기만 하다. 동양화가 북적대지 않으면서도 무언가 신비로운 여운이 느껴지는 것은 미완성의 공간 때문이리라. 그러한 그림을 그린 화가들의 지고한 정신세계가 내 글에도 옮겨져, 햇살처럼 화려하지 않으면서도 간결한 언어로 감동의 향기가 폴폴 풍겨 나왔으면 한다.

잎을 다 떨구어 낸 겨울나무의 텅 빈 단순함을 깨닫는 날까지 내 글은 깊은 자숙의 시간 속으로 침잠하려 한다. 동안거에서 깨어나 잔가지 무성한 군더더기 문장을 만나면, 그 자리에 한 자 한 자 여과된 초록빛 깨달음으로 다시 채색하려 한다.

똥 한 무더기 내려놓고 글 한 무더기 쌓아두고……, 이래저래 오늘은 참 개운한 하루다.

지렁이

지렁이는 외로움을 많이 탄다
오죽하면 짝도 없이 혼자 암수 노릇을 할까
그렇다고 이웃마저 아예 없는 것은 아니다
달이 있고 바람이 있다
거머리도 있고 연가시도 있다
달은 언제나 때를 어기지 않고
찾아와 함께 밤을 지새우며
쏙닥쏙닥 말동무가 되어주는 과묵한 도반이다
바람은 제 마음 내키는 대로 왔다가
제 넋두리만 잔뜩 풀어놓고
이내 등 돌려 가버리는 야속한 녀석이다
지렁이는 거머리 옆으로 다가가서
또다시 외로움을 달래보기로 한다
외모 또한 자신과 비슷하니 벗이 되어 줄 법하다
그러나 그놈은 남의 등쌀에 빌붙어 살면서
눈 한 번 거들떠보지 않는 포악한 식충이다
연가시 역시 배짱 세기는 마찬가지다
사마귀 몸에 들어가 기생하면서
자신의 목적을 위해 주인의 영혼을 마음대로 지배하며
숙주 노릇을 하는 야비한 놈이다

하지만 지렁이는 뭍에 살든
물속에 살든 가리지 않고
산짐승들에게 순하게 제 속의 양분을 나누어주고
제 몸뚱이마저 아낌없이 내어준다
언제부터인가 그놈의 성품을 알게 되면서
볼썽사납게 생긴 겉모양새가
내겐 외려 눈부시도록 아름답게 보였다
거친 모래알을 삼킨 조개가 비취색의 아름다운 진주를 품듯이
지렁이는 세상의 온갖 탁함을 먹고도
향긋한 황토색 흙 알맹이를 배설해낸다
사리를 입에 물고 닐리리 춤을 추는 지렁이의 몸짓에
배태한 만물이 초록빛으로 화답한다.
비록 외양은 흉측한 몰골을 하고 있지만,
흙속의 곪은 상처를 다독이고 아물게 하면서 세상을 맑힌다.
작고 못나도 순박하게 논밭을 가꾸는 농부마냥
묵묵히 성실한 삶을 보여주는 지렁이는,
자신에 대한 편견을 가진 세상까지도 정화시켜 준다.

지렁이

내리치던 빗방울이 그쳤다. 물기 머금은 꽃무더기 아래 반갑지 않은 불청객이 숨어있다. 새처럼 쪼그리고 앉아 그놈을 훔쳐본다. 몸통은 접시 위에 얹어진 생문어 다리같이 오그랑망태기다.

지렁이란 놈이다. 징그럽게 꿈틀대는 모양새로 보아 이름이 그렇게 불리어졌나 보다. 어물전 망신은 꼴뚜기가 시키고 과일 전 망신은 모과가 시킨다더니, 그놈의 해괴망측한 몸매무시는 연체동물의 품위를 망가뜨리기에 손색이 없어 보인다. 하고많은 먹이 다 제쳐두고, 하필이면 인간이 버린 지저분한 쓰레기나 더러운 오물덩이를 먹고 땅속에서 주린 배를 채우다 보니 겉모습이 저리도 흉측하게 변했나 보다.

지렁이는 자신이 이 세상에 태어나자 마치 큰 잘못이라도 저지른 듯 아주 못마땅하게 대하는 작은 생명들에게조차 할 말을 똑 부러지게 내뱉지 못하는 어리병한 미물에 불과하다. 자신의 몸뚱이는 그저 포식자들의 간단한 요기로만

채워질 뿐이다. 세상의 그 어떤 풍경과도 어울리지 못하는 자신을 향해 서러움이 복받쳐 그만 울부짖는다. 프로메테우스는 제우스신의 분노로 독수리에게 간을 뜯기는 형벌을 받았다지만, 자신은 대체 어느 신의 노여움을 사서 만물들의 미끼로 갈기갈기 몸뚱이가 뜯긴단 말인가. 눈물이 빗물인 양 땅속으로 스며들어 요동치는 가슴을 흠뻑 적신다.

이를 긍휼히 여기신 신은, 찌그러진 모양이라도 기울면 기운 대로 그 쓰임새를 따로 정해주셨다. 제 몸뚱이가 두 동강이 나도 아픔을 견딜 수 있는 내성을 길러 주고, 삶을 잘 헤쳐 나갈 수 있는 지혜도 불어넣어 주셨다. 성경구절을 보더라도, 지렁이같이 힘없는 이스라엘 백성들이 산山을 부스러기로 만드는 엄청난 일을 이루리라고 예언하지 않았던가. 한갓 물고기의 미끼 정도로 사용될 만큼 아주 보잘것없는 하등 연체동물이 우리 발밑에서 초록을 일구는 큰일을 해내리라고, 신은 미리 점지해 두셨던 것이다. 빙산도 보이는 부분보다는 물속에 감추어진 부분이 더 크듯이, 밟으면 꿈틀대는 정도의 무기력한 존재로 인식되어 온 눈 먼 생물이, 덩치는 저래도 속은 어찌나 다부진지 모른다.

그래도 마음은 여린지라, 지렁이는 외로움을 많이 탄다. 오죽하면 짝도 없이 혼자 암수 노릇을 할까. 그렇다고 이웃마저 아예 없는 것은 아니다. 달이 있고 바람이 있다. 거머리도 있고 연가시도 있다. 달은 언제나 때를 어기지 않고 찾아와 함께 밤을 지새우며 쏙닥쏙닥 말동무가 되어주는 과묵한 도반이다. 바람은 제 마음 내키는 대로 왔다가, 제 넋두리만 잔뜩 풀어놓고 이내 등 돌려 가버리는 야속한 녀석이다.

지렁이는 거머리 옆으로 다가가서 또다시 외로움을 달래보기로 한다. 외모

또한 자신과 비슷하니 벗이 되어 줄 법하다. 그러나 그놈은 남의 등살에 빌붙어 살면서 눈 한 번 거들떠보지 않는 포악한 식충이다. 연가시 역시 배짱 세기는 마찬가지다. 사마귀 몸에 들어가 기생하면서, 자신의 목적을 위해 주인의 영혼을 마음대로 지배하며 숙주 노릇을 하는 야비한 놈이다. 하지만 지렁이는 뭍에 살든, 물속에 살든 가리지 않고 산짐승들에게 순하게 제 속의 양분을 나누어주고, 제 몸뚱이마저 아낌없이 내어준다.

언제부터인가 그놈의 성품을 알게 되면서, 볼썽사납게 생긴 겉모양새가 내겐 외려 눈부시도록 아름답게 보였다. 거친 모래알을 삼킨 조개가 비취색의 아름다운 진주를 품듯이, 지렁이는 세상의 온갖 탁함을 먹고도 향긋한 황토색 흙알맹이를 배설해낸다. 사리를 입에 물고 늴리리 춤을 추는 지렁이의 몸짓에, 배태한 만물이 초록빛으로 화답한다. 비록 외양은 흉측한 몰골을 하고 있지만, 흙 속의 곰은 상처를 다독이고 아물게 하면서 세상을 맑힌다. 작고 못나도 순박하게 논밭을 가꾸는 농부마냥 묵묵히 성실한 삶을 보여주는 지렁이는, 자신에 대한 편견을 가진 세상까지도 정화시켜 준다.

흔히들 형편없는 사람을 책하거나 욕할 때, 지렁이만도 못하다는 말을 늘먹인다. 사실 우리가 지렁이만 하기가 그리 녹록하겠는가. 모양은 저래도 하는 일을 보면, 온갖 공해물질을 양산하며 지구를 오염시키는 인간보다 훨씬 더 윗길이지 않을까.

하고많은 땅 다 두고 저리 팍팍한 곳에다 제 삶의 터전으로 자리를 잡으니, 사서 고생하는 것 같기도 하고 무슨 곡진한 연유가 있는 것 같기도 하다. 볼 살이 터지도록 입 안으로 흙을 주워 넣고 휘어진 허리를 움켜쥐며 땅을 쟁기질하는 것은, 아마도 고행을 통해 전생의 업을 씻김질하려는 구도의 몸짓이리라. 무소의 뿔처럼 혼자서 가야만 하는 지렁이의 고독한 수행이 없다면, 버들가지에 물이 오른들 어찌 푸름을 더할 수 있으리요. 이렇듯 아름다움의 기저에는 늘 희생이 따르는가 보다. 지신 앞에 삼천 배 올리는 지렁이의 기원이 세상을 밝히고 사람들의 가슴도 흥건히 적신다.

비가 오면 사람이 하도 그리워서 인간 세상에 고개를 내밀어 보지만, 딱히 갈 만한 데가 없다. 여전히 사람들은 자신의 민둥한 모양새를 보고 화들짝 놀라며 피하기만 해댄다. 문전박대로 쫓겨난 지렁이는 또다시 두리번거리며 길을 떠난다. 가다가 어느 발길에 거칠게 채여 몸뚱이가 으스러지고 두 동강이 날 때도 있지만, 가던 길을 멈출 수가 없다. 디오게네스가 낮에도 등불을 들고 다니며 참된 사람을 찾아다녔듯이, 지렁이 또한 순수한 영혼을 찾으러 안간힘을 다 하는 게 아닐까.

어느 구석진 모퉁이에서 그는 그동안 찾아 헤매던 바로 그 누군가와 맞닥뜨려진다. 언어장애를 가진 좀 모자라는 사내아이다. 나는 그 아이를 잘 알고 있다. 그 애가 아주 어렸을 때 내가 주워다 키운 업둥이 바보 녀석이다.

세상의 바보들은 그 아이처럼 한결같이 우스꽝스럽게 생겼다. 이름조차도 야무지지 못하고 엉성하기 그지없다. 귀를 닫아 세상의 소리를 잘라버려서일까. 누가 놀려대도 앞니를 헤벌쭉 드러내고 그냥 웃기만 한다. 그렇다고 감정마저 없는 건 아니다. 주위를 살피며 물가에서 목을 축이는 노루보다 더 민감하다.

숟가락이 제가 떠 나르는 음식의 맛을 모르듯, 빈털터리 성자와 주욱 함께 지내왔으면서도 세상을 살아가는 그 아이의 현명한 지혜를 훔치질 못했다. "낮은 데로 임하소서"라고 한 그리스도의 가르침이나 무위자연의 도를 설파한 노

자 또한 바보의 삶과 같은 맥락을 이룬다. 세기의 두뇌라 불리는 아인슈타인조차 바보를 닮고자 여행을 할 때마다 일부러 삼등 열차를 이용했다고 한다. 그렇게 하여 소탈한 사람들과 허물없이 대화를 나누며 그들의 일부가 됨으로써 인생의 참 진리를 발견했다는 것이다. 성경에도 세상에서 지혜 있는 줄로 생각하거든 어리석은 자가 되라고 하지 않던가. 자신을 낮추고 비워야만 벙어리성자가 될 수 있음을 가히 말해주는 듯하다.

목젖을 내보이며 자지러지게 웃어대는 거지왕자는, 인생을 희롱하는 연극배우가 되어 능글맞게 나의 현재를 묻는다. 그동안 내 삶의 속뜰도 그리 옹골차지만은 않았다. 복잡해 보이는 세상사도 따지고 보면 지극히 단순한 법칙에 의해 움직인다고 산머루 같은 까만 눈은 내게 말해준다. 문명에 미화된 자아를 자신의 참모습인 양 생각했던 허상의 거품을 걷어내고, 내 안에 그을려진 양심도 설렁설렁 헹군다. 함박꽃같이 벙글어진 바보의 맑은 심성이 가져다준 아름다운 향기가, 내 안으로 깊숙이 배어들어 잡다한 세상살이에서 오는 들끓던 마음을 퇴마의식 하듯 쫓아낸다.

신은 땅 위에는 바보를, 땅속에는 지렁이를 인간 세상에 제물로 보내어 이처럼 자연을 살리고 사람들의 고운 심성을 되돌리게 하셨나 보다. 외국에서는 지렁이 개체 수로써 토양 비옥도의 자료로 삼아 땅값을 결정한다고 한다. 또한, 가난하지만 비움으로써 만족을 아는 바보가 많은 사회일수록 행복지수도 높다고 들었다. 아마도 바보는 세상의 명리를 다 벗어던지고, 영혼의 자족을 지향했던 디오게네스 뒤를 이을 이 시대의 마지막 철인인지도 모른다. 한 집안에 그런 위대한 영혼이 존재한다는 것은 신의 선택받은 축복임에 틀림없다. 후세에는 필히 큰 도량을 가진 인물이 나오리라는 복선이기도 하리라.

내가 삶을 온전히 지탱할 수 있었던 것도 주변에 잘난 사람들이 많아서가 아니다. 오히려 보잘것없어 보이는, 소외된 생명체들로부터 일상사에 지친 기운을 되찾곤 했다. 그들은 나를 에워싸서 넘어지지 않게 부축해 주었고, 척박하고 그늘진 마음을 청정하게 여과시켜 주었다. 호수가 산을 다 품을 수 있는 것은 깊어서가 아니라 맑아서이듯이 말이다.

바보가 좋다. 순수가 좋다. 그 모자란 듯한 일그러진 삶이 나는 좋다.

| 해설 |

넘치는 끼, 주체하지 못하는 열정, 예술로 승화시키다

– 정성희의 문학과 춤 그리고 인생

곽 흥 렬(수필가 · 동리목월문예창작대학 교수)

■ 정성희, 그는 이런 작가이다

정성희 수필가는 작가이기 이전에 교도관이다. 작가들 중에서 교도관이라는 직업을 가진 이는 그리 흔치 않을 것이다. 그러다 보니 그의 수필은 특별할 수밖에 없고, 이는 어쩌면 너무도 당연할 일인지도 모른다.

그는 교도관이라는 직분에 아주 잘 어울리는 따뜻한 품성을 지녔다. 사회의 부적응자인 수형자들을 너른 가슴으로 보듬어 안는 누이 같은 사람이다. 책의 중간 중간에 삽입되어 있는, 수형자로부터 받은 감사편지들이 정 수필가의 인간애적인 면모를 가감 없이 증명해 주고 있다. 여기에는 그 자신이 불우한 시절을 몸소 겪은 체험이 바탕이 되었기 때문이 아닌가 한다.

그의 삶은 부모로부터, 남편으로부터 받은 내면의 상처로 얼룩져 있었다. 만일 그가 수필을 만나지 못했더라면 인생이 많이 피폐해졌을지도 모른다. 수필

쓰기를 통해 그 아픔을 치유하고 순화시킴으로써 지난날과의 화해를 이루었다.

뭐니 뭐니 해도 수필은 자기 고백의 문학이다. "글은 곧 사람"이라고 한 프랑스의 문예비평가 뷔퐁의 말마따나, 그의 작품 한두 편만 보면 그 사람의 이력이 금세 드러난다. 그래서 수필집을 두고 '우리 인생의 이력서'라고 해도 그리 지나친 표현은 아닐 것이다.

수필 작가들 대부분이 이러한 특성을 잘 알고 있지만 작품 속에 그대로 담아내기는 결코 쉽지가 않다. 그러기 위해서는 무엇보다 남들의 눈을 의식하지 않는 용기가 필요하기 때문이다. 특히 꾸미고 감추기 좋아하는 여성작가들에게 이 점은 늘 아킬레스건으로 작용한다. 구렁이 담 넘어가듯 두루뭉술하게 표현해 놓으면 독자들은 금세 알아차리고 감동하지 않는다.

사람은 본시 측은지심을 지닌 존재이다. 사촌이 땅을 사면 배가 아프다는 속담처럼, 남이 잘되는 것을 좋아하지 않는 질투심을 가진 존재이기도 하다. 그러기에 수필에서 어설픈 자기 자랑이나 과시는 절대 금물이다. 나의 부족한 점, 고통스러웠던 일, 가슴 아팠던 사연, 부끄러운 과거를 숨김없이 낱낱이 드러낼 때 독자들은 그의 삶에 연민의 마음을 보내며 격려의 박수를 쳐 주게 되어 있다.

정성희의 수필은 진솔성이 무기이다. 그는 자신의 지난 삶을 애써 포장하거나 감추려 들지 않는다. 있는 그대로 가감 없이 세상에 쏟아 놓음으로써 독자들에게 발가벗고 다가가려고 한다. 속이지 않고 드러내 놓는 고백이 때로는 소름이 돋을 만큼 적나라하고 도발적이다. 이것이 정 작가의 수필 작품이 지닌 자랑이며 그의 수필에서 진한 향기가 풍겨나는 이유이다. 또한 이런 면이 그의 수필의 매력이자 동시에 강점이기도 하다. 그래서 독자들을 자석처럼 끌어당기는 흡인력이 있다. 수필은 많이 벗으면 벗을수록 진한 감동이 풍겨난다. 이 이론에 기댄다면 그의 수필은 그만큼 울림이 깊다고 하겠다.

그런가 하면, 정서를 지성화 하여 생에 대한 의미 있는 성찰을 이끌어내어야 좋은 작품으로 인정받을 수 있는 것이 수필이라는 장르가 지닌 특성이다. 지성이 바탕에 깔리지 않은 정서는 자칫 값싼 감정의 유로流露에 그치고 말 공산이 크다. 이것이 요즘 수필 문단에 만연해 있는 정서의 과도한 노출을 경계하는 이유이기도 하다.

수필가 김용옥은 "읽지 않는 자는 동물이 사는 것이다. 조금 읽는 자는 그냥 사람이 사는 것이다. 제법 읽고 사유하는 자는 사람답게 사는 것이다. 읽고 사유하고 실천궁행하는 자는 잘 사는 것이다."라고 했다. 무릇 모든 문학 장르가 다 그러하겠지만, 지적 깊이가 중요시되는 수필에서는 특히 더 그러하다고 본다.

작가 정성희의 글은 풍부한 정서에다 누구도 따라가기 힘든 깊이를 지녔다. 그래서 그의 수필은 아름다우면서도 무겁다. 정성희의 수필을 읽어 나가다 보면, 서정성은 물론이려니와 오랜 내공에서 길러진 깊이와 무게를 실감하게 된다. 게다가 대상을 특유의 시각으로 해석하여 버무려 내는 솜씨가 예사롭지 않다. 그러기에 그의 수필에서는 예술적 미감이 도드라진다. 역설적으로, 이 점이 그의 수필을 읽는 데 있어 상당한 지적 바탕을 필요로 하는 면도 없지 않다. 이러한 특성을 감안하여 수필 한 편 한 편마다 그 앞에 시 형식의 짧은 글들을 곁들여 놓았다. 이를테면 본 음식이 나오기 전에 미리 내놓는 전채 요리 같은 것이라고나 할까. 책을 읽어나가는 맛이 쏠쏠한 것은 이러한 구성의 묘미를 잘 살리고 있기 때문이라고 하겠다.

앤드류 매티스는 말했다. "행복의 비밀은 자신이 좋아하는 일을 하는 것이 아니라 자신이 하는 일을 좋아하는 것이다" 정성희 수필가가 이 명언의 주인이 아닐까 싶은 생각이 든다. 그는 자신이 하는 일을 참으로 사랑하는 사람이다. 정 작가만큼 열정적으로 자신의 일에 빠져드는 이도 그리 많지는 않을 것 같다. 한 번 좋아하는 일에 몰입하면 혼을 쏟는다. 그래서 그는 또한 그 누구보다도 행복한 사람이다.

정 작가는 부단한 메모 습관을 지녔다. 이러한 습관이 지적知的인 수필을 쓰는 데 있어서 아주 중요한 자세가 아닐 수 없다. 그는 책을 읽다 마음에 드는 문장이나 구절을 만나면 어김없이 창작노트에 기록해 둔다. 그런 다음 거의 외울 수 있을 때까지 들여다보고 또 들여다보면서 완전히 자기 것으로 소화시킨다. 이런 부단한 작가정신이 그의 수필을 아름답고 영롱하게 만드는 원천이 된다고 하겠다.

뿐만이 아니다. 그의 글은 끊임없는 퇴고로 문맥이 매끄럽기가 비단결 같다. 걸림이 없이 유연하여 읽는 맛이 쏠쏠하다. 이는 투철한 작가정신이 바탕에 깔려 있기 때문이다. 진솔성에다 지적 깊이 그리고 정서적 감동까지 지녔으니, 그의 수필이 독자들로부터 많은 사랑을 받는 것은 어쩌면 너무도 당연한 것이리라.

■ 타고난 끼, 넘치는 열정

정성희 수필가는 수필계에서 드물게 보는, 돈키호테적인 기질을 가진 사람이다. 그래서 어디로 튈지 모른다. 한마디로 천방지축이다. 그는 남다른 끼를 타고

났으며, 주체하지 못하는 예술적 열정을 지녔다. 이 점이 역설적으로 그의 독특한 문학과 예술세계를 구축하는 데 크게 기여하는 요건이 되어준다.

정성희의 삶은 어느 누구보다도 치열하다. 그의 타고난 끼는 문학에서 만족하지 못하고 서양춤에 이어 전통춤으로, 무당춤으로 그리고 퍼포먼스로 장르를 넘나든다. 오랜 세월 그를 지켜본 필자이지만, 그의 정신세계는 높고 아아하여 숨은 내면을 따라잡으려면 숨이 가빠진다. 이 책이 각각의 수필 작품 앞에다 서시를 곁들이고, 편 편마다 여러 장씩의 춤 사진을 곁들이는 독특한 형식으로 짜여져 있는 것도 그의 타고난 끼를 유감없이 보여주는 증거가 된다. 그리고 또한 이 점이 이 작품집을 더욱 맛깔스럽고 유익하게 만드는 요인으로 작용하고 있다.

정성희는 각종 공모전에서 다수의 수상 실적을 거둔 유능한 작가이다. 그가 처음 수필 문단에서 두각을 드러내기 시작한 것은 2008년 「인생학교」로 『토지』의 작가인 박경리 선생의 문학정신을 기리기 위해 제정된 평사리문학대상을 받으면서부터다. 이 수필을 통하여 그는 오랜 기간 교도관 생활을 하면서, 한순간의 잘못으로 참회의 눈을 흘리며 새사람이 되어 밝은 세상으로 나갈 꿈을 꾸는 재소자들의 일상을 감동적으로 그려내었다.

이 상이 마중물이 되어, 그 이후 공무원문예대전, 중봉 조헌문학상, 천강문학상, 김장생문학상, 등대문학상 등 굵직굵직한 문학상을 연이어 수상함으로써 수필계에서 확실한 존재감을 심었고 많은 독자들로부터 사랑 받는 작가가 되었다. 이 같은 수확은 결코 우연히 얻어진 것이 아니다. 타고난 재능이 바탕을 이루었지만, 거기다 다년간에 걸쳐서 갈고 닦은 숨은 노력이 뒷받침 되어 주었기에 가능했던 일이다.

소설가 조정래는 "노력을 이기는 재능은 없으며 노력 없는 재능은 열매를 맺지 못하는 꽃과 같다."라는 말을 남겼다. 정성희 수필가야말로 이 말을 에누리 없이 실천하는 작가라고 해도 그리 지나친 표현은 아닐 것 같다. 그는 좋은 수필을 만나면 자기 것이 될 때까지 몇 십 번씩 고쳐 읽고 그 가운데 마음에 드는 구절들은 형광펜으로 밑줄을 그어 두었다가 필요할 때마다 자기 것으로 응용하는 열정을 지녔다. 그리하여 지난 십여 년간 스크랩해 온 창작노트가 셀 수 없이 많다. 이것이 좋은 수필을 빚어내는 데 밑거름이 된 것은 두말할 필요가 없다.

어느 장르나 마찬가지이겠지만, 수필가는 많아도 제대로 된 수필가는 쌀에 뉘처럼 드물다. 이는 새 밀레니엄 시대가 도래하고부터 우후죽순처럼 생겨난 문예지를 통해 지나치게 신인을 양산한 부작용으로 빚어진 결과라는 것이 문단의 대체적인 시각이다. 정 수필가는 이러한 문단의 현실에서 자유롭다. 그가 이런저런 공모전에서 크고 작은 문학상을 여러 차례 수상한 것은 여기에 대한 충분한 증거가 되고도 남는다고 하겠다.

정성희의 수필을 한 작품 한 작품 따라가면서 그의 정신 영역과 수필 세계를 음미하는 일은 독자들에게 퍽 의미 있는 시간이 될 것이며, 동시에 적지 않은 기쁨과 감동을 선사해 줄 것임을 믿어 의심치 않는다.

■ 체험과 사색, 감성과 지성의 수필

필자는 앞서 정성희의 수필을 두고 체험에다 사색을 불어넣고 감성과 지성을 버무려 독자들에게 재미와 의미를 동시에 느낄 수 있게 빚어 놓은 것이 강점이라고 표현한 바 있다. 그의 수필은 여성 작가이면서도 남성 작가처럼 선이 굵다.

일반적으로 여성 수필가들이 주로 가정 내에서 일어나는 소소한 일상을 글감으로 다루는 데 반해, 그가 작품화하는 소재는 무척 폭이 넓다. 이러한 그의 작품들을 큰 틀로 묶어보면 대략 세 가지 부류로 나눌 수 있을 것 같다. 그 가운데 하나는 나 그리고 가족에 얽힌 사연이고, 다른 하나는 직장 생활 과정에서 일어나는 은밀한 이야기이며, 나머지 하나는 세상과 사회를 통한 깨달음과 성찰이다.

먼저 나와 가족의 이야기는 「뿌리」를 비롯하여 「해원」, 「이끼」, 「발바닥」, 「舞」 등의 작품에서 두루 찾아볼 수 있다.

「뿌리」는 먼 미지의 세계에 대한 동경과 쓰디쓴 좌절, 그리고 그 극복의 과정을 감각적인 문체로 드라마틱하게 그려낸 수작이다. 이 작품으로 그는 공무원 문예대전에서 최우수상을 수상한 바 있다.

정성희는 사춘기 때부터 먼 미지의 세계에 대한 동경의 마음을 품어 왔다. "거대한 서구문명과 아름다운 인공의 조화가 어우러진 드넓은 땅을 향해 줄달음치고 싶"은 갈망으로 "수평선 너머 태평양의 푸른 바다"를 꿈꾸었고, 그 바람을 실현시킬 수단으로 미 군속 남편을 만나 그의 호적에 이름을 얹는다. 이 일은 정 작가의 삶의 물꼬를 그때까지와는 백팔십도로 다르게 트는 촉매제가 된다. 누구나 함부로 드나들 수 없는 미지의 세계로 입성한 순간 "꽃무늬를 그려놓은 것 같은 정원에 잘 다듬어진 잔디와 눈부시게 청청한 수목들로 울타리 쳐진" 풍경이 바깥세상의 모습과는 너무도 다른 별천지로 다가온다. 그는 자신의 이러한 신분 변화를, '대한민국'을 '대한미국'으로 전환시키는 데 나름대로 큰 공을 세웠다고 자부한다.

하지만 그런 감정은 그리 오래 가지 못한다. 막상 이국적인 세계에 들어가 그

안의 사람들과 삶을 공유해 본 결과 "아무리 서양 사람의 흉내를 내어도 빈대떡에 케첩을 발라먹는 격이었음을 깨닫게" 된다. 터벅터벅 미군부대 담벼락을 걸으며 그런 자신의 처지에 대한 고뇌에 잠긴 사이, 문득 잔디 사이로 돋아난 잡초가 눈에 들어온다. 그러면서 자각에 이른다. "흔한 풀들조차 죄다 뿌리를 갖고 있는데, 나는 왜 어디에도 뿌리를 내리지 못하고 떠돌기만 했단 말인가." 이것은 뒤통수를 치는 충격이었다. 그랬다. 자기는 어디에도 뿌리를 내리지 못하고 부유하는 이방인이었던 게다.

"자숙의 시간을 거침으로써 풋내 나던 내 안은 뽀얀 분으로 단내를 풍기기 시작한다"고 고백함으로써 지금껏 잃고 있었던 자신의 정체성을 확인한다. 이러한 깨달음은 그로 하여금 자기가 뿌리박고 살았던 고향과 우리 것의 소중함을 절절히 사랑하게 만드는 계기가 된다.

> 이제 나는 우리나라가 자랑스러워졌다. 천혜의 지하자원이 풍부해서도 아니고, 세계의 금융을 거머쥘 경제력을 가져서도 아니다. 그렇다고 남들이 넘보지 못할 막강한 군사력을 보유해서도 더 더욱 아니다. 세상이 아무리 넓어도 내가 태어난 고향이 나의 중심이고, 원주를 이탈하려는 당신의 자식을 태반 안으로 품기 때문이다. 겨울눈이 햇빛에 반사되어 눈부실지언정 그 고향은 응달이듯이, 서구의 발달된 문명이 아무리 좋을지언정 내가 있어야 할 본향은 호랑이의 기개가 서린 조선 땅이 아니던가. 돌아갈 곳이 있다는 것은 얼마나 다행한 일인가. 정착할 땅 없이 떠돌아다녀야 하는 쿠르드족이나 니카라과 난민들을 생각할 때면, 작지만 야무진 내 땅, 내 나라가 있다는 것은 여간 축복이 아닐 수 없다.
>
> –「뿌리」 중에서

아무리 못난 자식도 부모는 그 누구의 자식보다 사랑스럽게 감싸듯이, 비록 한때 서방세계에 미쳐 헤매면서 혹독한 대가를 치르고 돌아온 탕아를 조건 없이 받아 준 고국을 그는 느껍도록 고마워한다. 누구에겐들 그가 겪은 미지의 세계에 대한 동경과 좌절 그리고 처절한 자기반성 심리가 없을 것인가. 남의 떡이 더 커 보인다고, 다들 한두 번씩은 허황된 선망 의식으로 타인의 울타리를 넘보다가 혹독한 대가를 치른 후에야 자기 것의 소중함을 뼈저리게 느낀 경험을 갖고 있을 게다. 이렇게 보면 「뿌리」는 정성희 개인의 이야기이면서 동시에 우리 모두의 이야기이다. 그러기에 공감대가 큰 수필이라고 하겠다.

「뿌리」가 자신의 삶을 소재로 다룬 작품이라면 「해원」, 「이끼」 그리고 「발바닥」 등은 생전의 부모와 얽힌 갈등과 화해를 그리고 있는 작품들이다.

부모, 특히 아버지에 대한 애증이 잘 나타나 있는 수필로는 「해원」을 들 수 있다. 정 작가의 어릴 적 삶은 시궁창 같은 인생으로 묘사된다. 거기에는 아버지의 모난 성정과 학대가 지울 수 없는 트라우마로 작용하고 있는 것 같다. “어릴 적 나는 아버지의 가난한 사랑이 남긴 그림자를 밟으면서 자랐다. 떠오르는 것은 당신의 화난 얼굴과 매질뿐이었다.” 이 두 문장 외에 더 무슨 구구한 설명이 필요할 것인가.

그는 어느 날 자신의 처지가 서글퍼서 “추수 끝난 황량한 벌판을 지키는 허수아비의 슬픔과 외로움을 닮은 무당의 팔자를 타고나지는 않았을까” 하는 고뇌와 신세 한탄으로 무당집을 찾는다. 무당은 그의 모습을 보는 순간 대뜸 충격적인 말을 던진다. “얼굴이 보살형이야” 무당의 이 한마디가 그의 지나온 이력을 속속들이 대변해 주고 있다. 그도 그럴 것이, 찌들 대로 찌들린 날들의 기록이 얼굴에 고스란히 나타나 있었기 때문일 게다. 그랬다. 정성희의 지난날은 오랜 세월을 "고난과 슬픔들, 그리고 외로움이 뒤엉켜"진 인생이었다. 이건 아마도 어떤 풀어내기 힘든 응집 같은 것이었으리라.

그렇게 방황과 실의의 세월을 이어가다 아지랑이 피어나는 어느 봄날 아버지의 묘소를 찾아간다. 거기서 "거북등같이 파여진 땅의 굴곡들과 말라비틀어진 이름 모를 풀들, 삐죽삐죽 자라나온 잔디들"을 보면서 "이리저리 비틀은 듯한 당신의 뒤틀린 삶"을 떠올린다. 이 광경이 정 작가로 하여금 불현듯 아버지에 대한 뜨거운 연민의 마음을 불러일으킨다.

그는 아버지의 무덤에 아버지가 평소 즐기던 막걸리 몇 잔을 부어 권하며 당신과의 화해를 시도한다. "거나하게 취한 아버지와 나는 세월에 실린 한의 뚜껑을 열면서 말없이 눈물을 떨구며 서로 할 말을 잃는다." 세월이 약이라고 했던가. 아버지에 대한 원망의 마음도 흐르는 세월 따라 쓸려 내려가고 그의 가슴에는 시나브로 강물 속 같은 회한이 자라나 있었다. 산을 내려오면서 뒤를 돌아다보게 되었을 때 그는 놀라운 경험을 한다. "아버지의 무덤이 내 등 뒤에서 점점 멀어질 즈음, 나는 그의 곰살가운 여식아이가 되어 있었다. 이제 마음은 팔랑 나비가 되어 한결 가뿐해졌다." 이로써 비로소 긴긴 세월 간직해 왔던 질기디질긴 원망의 마음은 눈 녹듯 녹아내리게 된다. 이 장면에서 진한 감동이 전해져 온다.

아버지로부터 상처를 받은 사람은 작가 자신뿐만이 아니었다. 어머니의 가슴에 난 생채기도 다스릴 수 없는 한이 되었던 모양이다. 아니, 어쩌면 어머니의 삶이 정 수필가가 받은 내면의 상처보다 몇 십, 몇 백 배는 더한 것이었을지도 모른다. 「이끼」에서는 그런 어머니의 고달팠던 생전을 가슴 아프게 그리고 있다.

삶이 이리저리 곡예를 부릴 때면, 엄마는 자주 일상을 놓치곤 했다. 무당이 신을 부르듯 애끊는 아픔을 토해낼 때면, 하늘이 맴을 돌고 땅이 요동을 쳤다. 사는 일에 능하지 못해 마음속에 무덤이 쌓일 때면, 마당에다 집기들을 내던지며 가슴북을 치셨다. 눈 덮인 산자락을 휘돌아 온 바람이 자진모리장단으로 세월의 허리를 감을 때면, 심해보다 더 깊은 한숨을 내쉬었다. 조였다가 풀어지고, 풀어졌다가 조여드는 진양조 한풀이로 굽이굽이 넘어온 인생길을 한 됫박쯤 쏟아내셨다. 한 바탕 요란한 불꽃이 지나간 자리에는, 바스러지는 검은 재만 가득 남았다. -「이끼」 중에서

엄마가 되어 보아야 비로소 엄마의 마음을 깨닫게 된다고 했던가. 그는 어릴 때 그런 아픔을 지닌 엄마를 이해하지 못하고 가슴에 대못을 박은 못난 딸이었다.

내 젊음의 뜰에 늘 어두운 그림자로 서성이던 엄마를 헤아리지 못한 나는, 모난 세상을 가슴에 품고 살았다. 살을 에는 아픔을 참아내느라 억장이 문드러져도, 엄마는 그래도 되는 줄 알았다. -「이끼」 중에서

깨달음은 늘 한 박자 늦게 찾아오기 마련이다. 이것이 인생의 비극일 터이다. 그도 가로 늦게 철이 들지만, 그땐 이미 어머니는 이 세상 사람이 아니니 회한으로 남을 수밖에 없다.

전생에 무슨 업보를 지었던가. 손가락 사이 겉돌던 막내 딸년이 급기야 어미품 안을 박차고 나갔다. 슬픔이 웃자라면 바람 빠진 듯한 헛웃음만 나온다던가. 망나니를 대문간에서 지켜보던 엄마가 하늘을 향해 망연히 웃으신다. 그것이 이별보다 더 아픈 그

리움이란 걸 그때는 정녕 알지 못했다. -「이끼」 중에서

그때 무작정 가출을 감행한 그를 보면서 어머니가 애원한 한마디가 시간이 지나도 빠지지 않고 그의 목 안에 가시가 되어 박혀 있다.

"하룻밤만이라고 묵고 거거라" 그는 어머니의 이 목소리를 영원히 잊지 못할 것이다. 이 가슴을 도려내는 아픔이 수필이라는 문학 아니면 그 무엇으로 치유될 수 있을 것인가.

그런가 하면, 「발바닥」에 와서는 아버지에 대한 원망은 완전히 사그라들고 대신 연민의 마음이 물씬 묻어난다. 「발바닥」은 가족을 건사하느라 한평생 몸이 부서지도록 동분서주하면서 발바닥에 굳은살이 박인 아버지의 고단했던 인생에 대한 위로다. "아버지의 눈에는 눈물이 보이지 않으나, 아버지가 마시는 술에는 눈물이 절반이다."라고 노래한 김현승 시인의 시구에서처럼 아버지란 본시 그런 이름이 아니던가.

한평생 그놈의 올무에 갇혀 노동을 해 오신 아버지를 떠올린다. 골골이 접힌 주름진 세월을 사다리 타고 더듬어 본다. 삼베처럼 거칠고 까칠하다. 얕은 눈어림으로는 섣불리 말할 수 없는 무구한 깊이가 짚어진다. 가장이라는 등짐을 지고 세상 속에서 넘어지지 않으려고 용을 쓴 흔적들이 아버지 발바닥에 그대로 묻어있다. 본래 있던 문양은 닳아 해어지고 노동의 때가 낀 선들이 그 자리를 메웠다. 가족이라는 바닥짐을 짊어지며 무소의 뿔처럼 혼자서 가야만 하는, 보통을 초월한 외톨토리의 고독이 그 안에 녹아서 소금덩이로 얼비친다. - 「발바닥」 중에서

발바닥이 우리 몸에서 어떤 부위인가. 평생토록 육신을 천형처럼 짊어지고 다녀야 하는 존재가 아닌가. 그런 발바닥에서 아버지의 고단했던 한평생을 읽어낸 것이다.

"글은 곧 사람"이라고 했듯이 정 수필가의 인간상을 단박에 알 수 있는 작품들을 들라면 앞서 언급한 「뿌리」와 함께 「인생학교」를 말할 수 있을 것 같다. 「인생학교」는 교도소라는 특수한 공간이 작품의 무대로 등장한다. 작가는 교도소를 두고 '인생학교'로 의미를 부여해 두었다. 이 수필 한 편만 읽어도 수필가 정성희가 무슨 일을 하는 사람인지 단박에 알아차릴 수 있을 것이다. 그는 재소자들을 교화하여 그들에게 새 삶의 길을 열어주는 교도관이다. "나는 사동문을 잠그는 열쇠로 그들의 인생을 단단히 옭아맨다"라고 한 언술이 그의 투철한 직업정신을 말해 준다. 그러나 그의 따뜻한 인간애는 늘 "한순간의 실수로 뒤틀린 인생"을 향해 열려 있다.

> 어느새 나는 사물을 보는 시각이 많이 달라져 있는 자신을 간파한다. 사막에서는 한 마디의 명언보다 한 방울의 물을 나눠 마시는 것이 더 소중하듯이, 감방에서는 매서운 눈초리보다 젖은 가슴으로 그들을 보듬어주는 것이 더 중요하다는 것을 알게 되었다.
>
> –「인생학교」 중에서

이러한 깨달음은 그로 하여금 스스로를 돌아보게 만드는 계기가 된다. 그러면서 그들에게서 인생의 참의미를 배운다.

> 선인장 가시와 같은 경계의 촉수를 곧추세우며 그들을 감시하고 있는 경직된 자신

이 문득 부끄러워진다. 얼마나 많은 걸림돌들을 건너야 선긋기와 같은 뿌리 깊은 경계 의식을 넘어서 그들의 머리 위에 얹힌 먼지 한 점까지도 사랑할 수 있을까. 모든 것을 잃고서도 그런 현실을 눈물겹게 사랑하며 촉촉한 웃음을 나눠 가진 그들은 내 깨달음의 등불이요 인생의 진정한 스승이다. -「인생학교」 중에서

그러고 나서 돌아본 교도소를, 그는 감옥이 아니라 인생과 우주의 이치가 담겨 있는 '국립선원' 이라고 거기에 다시 새롭게 의미를 부여한다. 정작 갇힌 사람은 재소자들이 아니라 자기 자신이며, 그는 매일같이 출근, 아니 '등교' 하면서 거기서 어설픈 인생을 한 걸음 한 걸음 배워 나가는 학생으로서의 일상을 수행한다고 여긴다. 그러한 나날들이 거듭되어 마침내 "용서와 사랑을 몸소 실천하게 될 즈음이면 그 인생학교로부터 졸업장을 받게 되지 않을까" 하는 말로 자기 삶의 자세를 갈무리한다. 결국 그에게 있어 '인생학교' 는 스스로의 마음수련을 위해서 매일같이 등교하는 인생의 교육장인 셈이며, 그러기에 그는 교도소를 천직으로 여기고 오늘도 즐거운 마음으로 등교한다.

그런가 하면 「건들바위」, 「꾼」, 「하늘 천 따 지」 등은 개인의 삶에서 벗어나 대사회적인 쪽으로 관심과 사유의 지평을 넓히고 있는 작품들이다. 「건들바위」는 대구십경大邱十景의 하나로 천년 세월 동안 수도산 언저리를 지키며 대구 시민들의 사랑을 받아 온 추억의 장소가 아닌가. 「건들바위」가 그런 명승지였음에도 찾는 이 없이 무관심 속에 잊히어 가는 안타까움을, 노경의 고독을 씹으며 젊은 날의 영화를 반추하는 쓸쓸한 노인에 빗대어 노래하고 있다면, 「꾼」은 청도차산농악을 통하여 예술에 대한 불타는 집념으로 한평생을 일구어 온 꽹쇠의 오롯한 삶에서 작가 자신을 투영하고 있으며, 「하늘 천 따지」는 영주 소수서원

을 찾아 세상을 부유물처럼 떠돌며 살아온 스스로의 지난날을 돌아보면서 오랜 시간이 흘러도 결코 빛바래지 않을 소중한 것이 과연 무엇일까에 대한 깨달음과 성찰을 작품화하고 있다. 우리는 이 수필들을 통해 역사의 줄에 매달려 고뇌하는 한 존재자의 준열한 생의 자세를 읽어낼 수 있을 것이다.

한편 정성희의 넘치는 끼와 독특한 예술 정신을 엿볼 수 있는 작품으로는 「舞」를 빼놓을 수 없다. 이 수필은 임란 때 최초의 의병장으로 혁혁한 공을 세운 망우당 곽재우 선생을 추모하는 천강문학상을 수상함으로써 「인생학교」와 더불어 문학성을 인정받은 그의 대표작이기도 하다. 이 작품을 보면 그가 얼마나 춤을 사랑하고 춤에 오롯이 혼을 쏟아 왔는가를 충분히 확인하고도 남는다. 춤은 몸 언어가 아닌가. 이 몸의 언어를 문학의 언어로 바꾸어 예술적 미감을 살려냄으로써 장르의 전환을 꾀하였다는 데 의미가 남다르다.

정성희 작가는 처음 춤의 매력에 빠져들게 된 이유를 "숨기고 싶은 비밀도 허다했고 내세우고 싶은 욕망도 많았기" 때문이라고 고백한다. 하지만 몸과 마음이 조화를 이루지 못하는 춤은 점점 육신을 황폐화시키고 영혼을 갉아먹는다는 사실을 깨닫고 춤추기를 중도에 그만두고 만다.

그 후 나이가 들고 차츰 몸이 보내오는 소리에 귀를 기울일 수 있게 될 즈음, 그는 다시 중단했던 춤을 재개한다. 이때의 춤은 이전의 춤과는 완전히 다른 세계이다. 이전의 춤이 단순히 육신으로만 하는 화려한 관능의 동작에 불과한 것이었다면, 이후의 춤은 가식과 허위가 완전히 배재된 자연 그대로의 움직임이라는 것이다.

여기서 춤에 대한 그의 철학을 한번 들어보자.

진정한 춤은 영혼이 깃든 가슴으로 춰야 그 깊이를 더해 가거늘, 반들반들하게 기계로 뽑아낸 것 같은 기교에 넘친 춤은 겉만 번듯한 볼거리에 불과하다. 펄펄 끓는 뜨거운 물로는 차 맛을 제대로 우려내지 못하듯, 춤이 향기롭게 익는 데도 세월이 어느 정도 식혀져야 한다. 이로 보아 현란한 빛깔로 출렁대는 춤만이 아름다운 모습은 아닐성싶다. 화려한 장식이나 군더더기를 걷어낸, 아무 맛도 없는, 그저 그런 덤덤한 춤에서 외려 삶의 향내가 물씬 풍겨 나온다. –「舞」 중에서

시간에 의해 숙성된 맛이 지니는 가치, 이것은 연륜이라는 말로 바꿀 수 있을 것이다. 이러한 의식이 어디 꼭 춤 하나에만 해당하는 것일까. 무릇 세상만사가 다 이런 정신과 맞닿아 있는 것은 아닐까. 이것이 정성희 수필이 보여주는 지적 깊이이며 생에의 철학적 통찰이다.

■ 거두는 말

앞서도 잠깐 언급한 바 있지만, 그는 끼와 열정으로 똘똘 뭉쳐진 사람이다. 이 점이 그로 하여금 끊임없이 변신을 시도하게 만드는 요인이 되는 것 같다. 문학에서 춤으로, 춤도 서양춤에서 전통춤으로, 그것도 학춤, 부채춤, 무당춤 등 전방위적으로 넘나든다.

한때 잘나가던 수필가에서 한동안 주춤한 상태로 머물러 있는 것이 안타깝기 그지없었다. 그렇게 염려를 하던 중 이번에 참한 작품집을 세상에 내놓게 되었으니 여간 반갑고 고맙지가 않다. 첫 작품집을 세상에 선보이는 정성희 작가에게 뜨거운 마음으로 축하를 보내면서, 이 작품집 상재를 계기로 예전의 활기차면서도 치열했던 창작열을 다시금 불태울 수 있기를 신신당부한다.

정 성 희

. 2008년 제8회 평사리토지문학 수필부문 대상 수상
. 2009년 제12회 공무원문예대전 수필부문 최우수상 수상
. 2010년 제4회 중봉조헌문학 우수상 수상
. 2010년 제2회 천강문학 수필부문 대상 수상
. 2012년 제8회 사계 김장생문학상 본상 수상
. 2012년 제67주년 '교정의 날' 기념 학술 · 문예 우수상 수상
. 2013년 제1회 등대문학상 수필부문 우수상 수상
. 2014년 우리숲 수필. UCC 가작
. 2015년 제12회 전국 장애인과 함께하는 문예글짓기대회 대회장상
. 2015년 제2회 경북일보 문학대전 동상

. e-mail : imsu5924@daum.net

국립중앙도서관 출판시 도서목록(CIP)

끼, 멈출 수 없는 그 지독한 열병 : 정성희 작품집 / 저자 : 정성희 서울 : 북랜드, 2019
p. 224 ; 175×225cm

ISBN 978-89-7787-850-1 03810 : ₩ 18000

한국 현대 문학 [韓國現代文學]

818-KDC5
895. 785-DDC21 CIP2019011897

정성희의 문학과 춤
끼, 멈출 수 없는 그 지독한 열병

초판 1쇄 인쇄 | 2019년 4월 10일
초판 1쇄 발행 | 2019년 4월 15일

글쓴이 | 정성희

펴낸이 | 장호병
펴낸곳 | 북랜드
서울 강남구 역삼동 832-7 황화빌딩 1108호
대표전화 (02) 732-4574
팩시밀리 (02) 734-4574

등 록 일 | 1999년 11월 11일
등록번호 | 제13-615호
홈페이지 | www.bookland.co.kr
이-메일 | bookland@hanmail.net

편 집 | 김인옥

ISBN 978-89-7787-850-1 03810
ISBN 978-89-7787-851-8 05810(E-book)

값 18,000원